福建历代名人传

青少版

郭丹 ◎ 主编

海峡出版发行集团 | 海峡文艺出版社

图书在版编目(CIP)数据

福建历代名人传:青少版/郭丹主编.—福州:海峡文艺出版社,2019.11
ISBN 978-7-5550-2103-2

Ⅰ.①福… Ⅱ.①郭… Ⅲ.①中国文学－古典文学－作品综合集－福建 Ⅳ.①I218.57

中国版本图书馆 CIP 数据核字(2019)第 256017 号

福建历代名人传（青少版）

郭　丹　主编

责任编辑	李永远
出版发行	海峡文艺出版社
经　　销	福建新华发行(集团)有限责任公司
社　　址	福州市东水路 76 号 14 层　　邮编　350001
发 行 部	0591－87536797
印　　刷	福州印团网电子商务有限公司　　邮编　350007
厂　　址	福州市红江路 2 号浦上工业园 B 区 53 号楼 1－3 层
开　　本	720 毫米×1000 毫米　1/16
字　　数	180 千字
印　　张	16
版　　次	2019 年 11 月第 1 版
印　　次	2019 年 11 月第 1 次印刷
书　　号	ISBN 978-7-5550-2103-2
定　　价	38.00 元

如发现印装质量问题,请寄承印厂调换

前 言

郭 丹

中华文化源远流长、灿烂辉煌。习近平总书记在党的十九大报告中指出："中国特色社会主义文化，源自于中华民族五千多年文明历史所孕育的中华优秀传统文化，熔铸于党领导人民在革命、建设、改革中创造的革命文化和社会主义先进文化，植根于中国特色社会主义伟大实践。"中华优秀传统文化，积淀着中华民族最深沉的精神追求，代表着中华民族独特的精神标识，是中华民族生生不息、发展壮大的丰厚滋养，是中国特色社会主义植根的文化沃土，是当代中国发展的突出优势。

福建优秀传统文化是中华优秀传统文化的重要组成部分。千百年来，福建文化以多元、深厚、开放的鲜明特征而著称。文化形态各具特色、交融互动，文化名人璀璨夺目、千古流芳。福建优秀传统文化已经成为福建的独特标识和八闽儿女的精神命脉，是值得骄傲的福建的文化软实力。

福建地处东南，濒临海滨，虽开发较晚，但从唐代开始，便人才辈出。这些历史人物，不但在福建发展的历史上做出了杰出贡献，不少人物，对中华文化的政治、经济、军事、学术、文学都产生过重要影响。

唐代开始，自陈政陈元光父子入闽，开发漳州，对福建的发展写下了隆重的一笔。唐代中叶，欧阳詹与韩愈等名人同科，成为唐代福建士子的杰出代表。到了唐五代时期，王审知主政福建，实行了一系列的新政策，如争取土著居民，整肃吏治，发展农商，繁荣文化，推动教育，对宗教兼容并包，甚至促进海上丝绸之路建设，福建进入发展的新时期。

自宋开始，福建进入历史上最繁荣的时期。此时的经济，是中国最发达的地区；交通便利，出现了著称于世的东方第一大港——泉州刺桐港。到了南宋，文化的发展走到巅峰，成为名副其实的"海滨邹鲁"。地灵人杰，福建人才更是云蒸霞蔚，扬名海内，一大批杰出人才彪炳史册。到南宋时，福建及第的进士达到七千多人，占全国总数的五分之二。仅在莆田、晋江、建安三地，宋代就出了近千名进士。这一时期，出现了一大批杰出的人物。如李纲，历仕徽、钦、高宗三朝，累官至丞相，是生活在南北宋之交的一位重要的政治家和军事家。北宋末年，政治腐败，民怨沸腾。李纲上疏给宋徽宗，提出"畏天戒，固民心，收士用，严守备"，要求停止宫廷园囿的修建，取消掠夺民间奇花异石的"花石纲"，整饬军备。面对金人的南侵，李纲力主抗金。北宋亡后，李纲奏请高宗，主张收复失地，迎回二帝，重整山河。虽屡遭罢官罢相，屡遭挫折，依然百折不回锐意进取执著追求，其爱国的一生受到后人的敬仰。

宋代福建儒学兴盛、文化发达，到南宋时，福建成为儒学中心。理学程门四大弟子中的杨时、游酢，都是福建人，二人"程门立雪"的故事，成为努力学习、尊师重道的美谈。杨时的思想对后世影响深远。闽学的代表人物朱熹，集理学之大成，是中国历史上著名的思想家、哲学家、教育家之一，被视为孔子之后的第一人。朱熹"博极群书，自经史著述而外，凡夫诸子、佛、老、天文、地理之学无不涉猎而讲究"，他的学说不仅使得理学成为宋以后官方的意识形态，而且影响朝鲜、日本、越南等国，曾一度成为这些国家的官方哲学或占主流地位的意识形态，并得到他们的推崇和信奉。朱子学说的积极因素，在今天仍然具有极其强大的现实指导意义。

在史学方面，莆田人郑樵，一生从事著书立说，他通览各种史书，汇合一书，著成二百卷的巨著《通志》。《通志》与杜佑《通典》、马端临《文献通考》并称为"三通"，对后世的影响至为深远。稍后的建安（今建瓯县）人袁枢，喜读司马光的《资治通鉴》，花了十年左右的时间抄辑司马光《资治通鉴》，成就《通鉴纪事本末》一书，由此创立纪事本末体的新体裁，丰富了史学内容，是对中国历史编撰学的一大贡献。

在文学艺术方面，宋代也是人才辈出。崇安人柳永是婉约派词的大师，这位"奉旨填词"的"柳三变"，是第一位对宋词进行全面革新的大词人，对后来的词人影响极大。永泰人张元幹，目睹民族的灾难，扼腕痛愤，其词作总是和民族的命运联结在一起，慷慨悲凉。到了南宋后期，莆田人刘克庄，既是"江湖派"诗人的领头人，又是南宋后期独树一帜的重要词人，其词作同样心系国家的命运，揭露朝廷的矛盾，继承了辛派词人的爱国主义传统和豪放风格，影响深远。邵武人严羽著有《沧浪诗话》，这部与钟嵘《诗品》、司空图《二十四诗品》并称为中国文学史上最为重要的诗歌理论专著，受到了后人的重视，具有永恒的价值。

进入明代，福建同样不乏杰出的人物。明代屡受倭寇的侵扰，晋江人俞大猷，就是明代的抗倭名将，曾任福建总兵，与戚继光等人一起多次大破倭寇。福清人叶向高，据相位十三年之久，敢于与魏忠贤阉党抗争，为时人敬佩。明代伟大的思想家李贽，泉州人，别号温陵居士。他敢于以"异端"自居，大胆揭露封建传统教条，否定孔孟儒学，抨击程朱理学，揭露假心性，提倡真性情；其思想不合正统，屡遭打击，但却坚贞不屈，最后自杀而死。明末黄道周，是著名的学者、书画家、文学家、儒学大师、民族英雄。黄道周生性耿直，不畏权贵，弹劾阉党，即使丢冠去职，在所不惜，后因抗清战败被俘，绝食反抗，誓不投降，壮烈殉国。黄道周忠贞不渝、舍生取义的民族气节名垂青史、万世景仰。

在文学艺术方面，有选编了著名的唐诗集《唐诗品汇》的长乐人高棅，是他最早把唐诗创作为初、盛、中晚四个时期，对当时及后世产生了广泛影响。诗人中有闽中十才子的领袖人物福清人林鸿，主张写诗师法盛唐，对杜甫尤其推崇，形成了明初诗歌界的"闽中诗派"。福州人曹学佺，著名的官员，为官一身正气，刚直不阿、不惧权贵、勤政爱民，他不计个人安危得失，敢于与不法贵戚作斗争，表现出无私无一畏的凛然正气。当国破家亡之际，他视死如归，以身殉国，具有强烈的民族气节和爱国情操。曹学佺还是著名的学者、诗人、藏书家。工于诗词，娴于地理学；其首倡"儒藏"说直接推动了乾隆三十七年《四库全书》的编撰。

到了清代，安溪人李光地在康熙朝是有名的汉人大学士，也是个有名的学者，在清初复兴理学的过程中有相当大的贡献。民族英雄郑成功，收复被荷兰殖民者侵占达38年之久的台湾，开发宝岛，对台湾的发展作出极大贡献。清代的闽西，诞生了几位大画家，其中的华嵒、黄慎最为有名。华嵒的画，人物、山水、花鸟、草虫都擅长，他还兼通诗书。黄慎诗书画三绝，被列为"扬州八怪"之一，是"扬州八怪"中画路最宽的一位。此外，同是闽西（宁化）人的伊秉绶，也是诗人、书法家，诗文才气名满京城。他的书法糅合古代隶书和北魏碑帖之长，古朴奇逸，时人视为至宝。

近现代以来，福建的杰出人物，更是像井喷似的涌现。单是福州的三坊七巷，就涌现了一批足以彪炳史册的人物。林则徐、梁章钜、沈葆桢、严复、林纾、萨镇冰、林觉民、冰心、林徽因等等，都出自于三坊七巷之中。一八四零年以后的中国近代社会，帝国主义列强入侵中国。在抵御外辱，振兴中华民族的奋斗中，近代睁眼看世界的第一人，是林则徐。早在鸦片战争发生之时，他就提出"师夷长技以制夷"的口号。他不但坚决实施禁烟，又放眼看世界，其主持辑成的《四洲志》，是我国近代第一部系统介绍西方各国地理知识的书籍。俞大猷、郑成功、林则徐等人，都是抗击海外侵略的民族英雄。晚清时期，在福州马尾建立了船政学堂，极大地推动了中国社会现代化的进程，培养了一大批了解西方文化、放眼看世界的学者。严复就是其中的学生。严复是我国翻译界的先驱，他翻译《天演论》，系统地介绍宣传了达尔文的生物进化论观点，引起国人极大的震动,为戊戌变法提供了思想、理论的依据。在中国近代史上,严复是第一个系统地把西方学术思想和政治经济制度介绍到中国来的人。同时期的林纾,不懂外文,却与船政学堂的朋友合作,翻译了大量的西洋名著,风靡一时,为中国人展示了西方丰富多彩的文学世界。在法国的陈季同,用法文介绍中国的传统文化;在欧洲游学多年的辜鸿铭,用莎士比亚式的典范英文展示中国古代经典和中国文化精神;他们都是为中西文化交流作出重要贡献的人物。此外,被称为文坛祖母的冰心,诗人兼建筑学家的林徽因,更是在中国的文坛上甚至是中国历史上值得大书一笔的人物。

当前,全国上下正持续兴起"大学习"热潮,我们要把学习习近平新时代中国特色社会主义思想不断引向深入,坚定中国特色社会主义文化自信,坚持创造性转化、创新性发展,加强对福建优秀传统文化的挖掘和阐发,为奋力推进新时代新福建建设提供强大精神动力和文化支撑。为了让青少年能精准地把握福建优秀传统文化脉络,深入了解福建优秀传统文化内涵,更好地传承和发展这笔宝贵财富,梳理福建历代名人的行迹和行状,总结福建历代名人的优秀品格,我们特地选出适合青少年读者了解和阅读的历代名人传略,引导青少年通过阅读,陶冶情操,树立社会主义核心价值观,践行中华传统美德,涵养中华人文精神。希望本书对青少年读者有所帮助。

目 录

陈元光	1
欧阳詹	5
王审知	9
柳永	16
杨时	22
李纲	29
张元幹	39
郑樵	47
朱熹	55
严羽	64
刘克庄	68
谢翱	76
高棅	84
俞大猷	94
李贽	101

叶向高	110
曹学佺	118
黄道周	126
郑成功	134
李光地	142
伊秉绶	148
陈寿祺	156
林则徐	161
沈葆桢	169
陈宝琛	177
林纾	184
严复	191
陈衍	199
林觉民	205
林语堂	214
郑振铎	221
冰心	230
林徽因	237

后记 …… 244

陈元光

陈元光（657—711），字廷炬，号龙湖，光州固始人，是我国唐代著名的将领和政治家。在平定闽粤边民叛乱、开发漳州地区上做出杰出贡献，因此被后世尊为"开漳圣王"。著有《龙湖集》行世。

关于陈元光的籍贯，史学界有较大的争议，主要有"固始说"、"河东说"和"揭阳说"等。传统的观点，都认为他是光州固始人，唐代林宝《元和姓纂》所说的"河东"仅是他的郡望。但越来越多的学者赞成明嘉靖《广东通志》的说法，认为他是潮州揭阳人，先世住在颍川，到祖父陈洪（字克耕），是隋朝的义安（即广东潮州）郡丞，故留居于此。《丰顺县志》更是具体地描述陈洪居住的地点为清乾隆三年设县的丰顺县境内的八乡贵人村。因为这里自"秦汉迄隋，为南北通道所必经"，身为义安县丞的陈洪就居守在这个重要的军事要塞上，他的子孙也可能在这里出生。但隋末唐初群雄蜂起之际，陈洪曾率领将士回到中原，辅佐李世民匡正天下，年老之后，回到河南老家终老。

陈洪的儿子陈政，字一民，以武功著称，在与父亲追随李世民攻克临汾等郡中立下战功，"以从征功，拜玉钤卫翊府左郎将、归德将军"。唐高宗总章二年（669），"泉潮间蛮獠啸乱，百姓苦之"，陈政主动请求带兵弹压，以靖边方。朝廷也以陈政刚果有为，有勇有谋，晋封他为朝议大夫和岭南行军总管事,带兵3600人出镇绥安(今漳浦一带)。不料被土著"蛮獠"迎头反击,陈政所率府兵退守于九龙山(今福建龙海县九龙岭),阻江为界,插柳为营,奏请朝廷增兵济急。唐高宗命陈政两个兄长陈敏、陈敷率58姓军校前来援助。敏、敷二帅在征途之中,先后病死于须江县(今浙江省江山县)。随军南行的还有陈政母亲魏氏、陈政夫人司空氏及其14岁儿子陈元光。魏氏遂即代子率军,继续南下,终于与陈政会合于九龙山麓。援兵既到,陈政即挥师直取绥安,并在此处开屯建堡,实行且耕且守的军屯制度,将士过着亦兵亦农生活。

陈元光自幼聪颖好学,博通经史,喜读兵书,年十三,即领光州乡荐第一。他随军入闽之后,追随父亲南征北战。而陈政不负朝廷厚望,出生入死,历尽艰辛,"靖寇患于炎荒,奠皇恩于绝域"、"镇守闽粤之吭,泽被泉潮之野"。仪凤年间(676—678),崖山剧贼陈谦攻陷冈州城邑,遍掠岭左,闽粤惊扰,陈政在平叛过程中,积劳成疾,于仪凤二年(677)病故于军中,享寿六十二岁,谥忠肃。年仅二十一岁的陈元光代为将兵,先后平抚了潮州、循州、惠州一带的"啸乱"。至此,岭表悉平,还军于漳江流域之屯营地,继而立行台于四境,时加巡逻,方数千里无桴鼓之惊。事闻于朝,于永淳二年(683)加陈元光为正议大夫、岭南行军总管,陈元光时年二十五。

平定泉漳之乱是陈元光的功绩之一,他的更大贡献在于开发和经营漳州。永淳二年陈元光上《请建州县表》,请在泉、潮之间设立州县。有谓"其本则在创州县,其要则在举庠序",以期长治久安。至垂拱二年(686)获准于泉潮间增置一州,按其所请设治所于云霄屯营地之漳江畔,因名漳州,下设漳浦、怀恩(今诏安)两县,任陈元光刺史兼漳浦县令,其时年甫三十。

在开发漳州的过程中,陈元光采取了一系列措施,以促进当地社会经济和文化事业的发展。一、建立行台,保境安民。漳州地连闽、粤、赣三省,一度成为"啸乱"的渊薮。为加强对地方的控制,陈元光建立了四个行台,据光绪《漳州府志》所载,分别位于泉州的游仙乡松州堡、漳州的安仁乡南诏堡、长乐里佛潭桥、新安里大峰山回入卢溪堡。另在要塞设立了36个堡所,派兵驻守,使得漳州"方数千里,无桴鼓之声,号称治平"。二、唯贤是举,量才擢用。比如对"宅心正大、处己无私"的许天正,忠直骁勇的马仁,"谋国竭忠"的林孔著,"处己方严、临事果断"的李伯瑶、林章,"用意精深、勤于职事"的卢如金、涂本顺、戴汝孙、涂光彦,"性多慈仁、急于爱民"的张伯纪,"奉公惟谨、事上能恭"的赵伯恭、郑业等随属部将和地方贤达,都能按其德才委以重任,因而在其主政期间,同心同德,上令下行。三、安抚土著,鼓励汉蛮通婚。对于啸乱流寇,实行招抚为主、威德并用的方针,孤立、惩处首恶,教化团结多数。对于归顺者,划区安置,进行教化,实行"自治"。并积极主张和鼓励部下与"蛮獠"土著和亲通婚,闽粤百姓由此逐渐汉化,实现了民族融合。四、且耕且战,寓兵于农。以火田村一带为屯垦基地，发动部众开展大规模生产建设活动，既减轻了当地百姓的负担，保障了入闽官兵的粮饷供给，又促进了地方经济的发展，诱导土著放弃原始粗放的耕作方式。五、发展经济，通商惠工。经济上，陈元光劝农务本，鼓励耕织，兴修水利，改善农耕；同时还注重发展手工业和工商业。近海民户则晒盐、造船，内地居民则制陶、制茶，手工业渐成规模。工商行业启兴成市，商业中心蓬勃兴起，商品集散地星罗棋布，农产品、畜产品、手工业品等货物齐全，市场活跃。六、创办学校，注重教化。在其主政期间，把兴教办学视为"救时之急务"，州署（今云霄西林村）设有专管教育的行政机构，松洲书院和各地书院相继创立，兴办社学、义学蔚成风尚，使漳州大地实现了"民风移丑陋，士俗转酝醇"的巨大变革。

唐睿宗景云二年（711），匿迹多年的啸乱酋领蓝奉高等死灰复燃，妄图东山再起，率领残部潜入郡治附近的岳山发起突袭，陈元光亲阵御敌，保境安民，不幸血染疆场，以身殉职，时年五十五岁。噩耗传来，苍山垂首，江海悲咽。漳州父老悲恸欲绝，泉潮百姓哀泣遍野。纷纷"肖其像"，设灵堂，缅怀其功绩，感念其恩德，寄托无尽的哀思……唐朝和之后历代朝廷，对陈元光累有旌表追封，其中以宋朝追封的"开漳圣王"影响最为深远。

（孙清玲）

欧阳詹

欧阳詹(约755—800),字行周,泉州晋江潘湖欧厝人。唐贞元八年(792)进士第三人,官至四门学助教。著有《欧阳行周文集》等行世。

欧阳詹先祖来自江西,后迁至晋江潘湖。从祖父欧阳通开始,再迁到南安高盖山。欧阳詹出生在南方仕宦家庭,祖父饱读诗书,曾任温州长史等职;父亲欧阳昌,为博罗县丞;长兄欧阳谟为固安县丞,次兄欧阳謩为潮州司仓。据《南安县志》所载,欧阳詹自幼颖异,不与一般孩童嬉闹游玩,而特别迷恋诗书文章。"每见水滨岩畔片景可采,心辄娱之。稍长,恒执一篇,随人而问章句,或有契心,移日自得……遇风月清晖,长吟高啸,不能自释。"因此,福建山川处处留下他求学攻书的身影。如高盖山的白云书室,莲花峰、清源山的欧阳书屋,晋江也有他与罗山甫等人吟书作赋的吟啸桥,莆田广化寺有他和林藻、林蕴兄弟一起读书的灵岩精庐。到二十来岁,他的名气已传遍闽南地区,稍后的莆田人黄璞形容他"弱冠能属文,天纵浩汗"。但闽越自古为富饶之区,养成了闽南人故土难离的情结。欧阳修在《新唐书·欧阳詹传》中说:"闽越地肥衍,有山泉禽鱼,虽能通文书吏事,不肯北宦。"直到常衮罢相,被贬为福建观察使,才改变了这种状况。常衮一面兴办学校,提倡向学仕进之风,一面加强对人才的培养与选拔。"始择县乡秀民能文辞者,与为宾主钧礼,观游飨集必与,里人矜耀,故其俗稍相劝仕。"他非常欣赏欧阳詹的才华,称之为"芝英",在他的激励之下,欧阳詹满怀"射百步期必中,飞三年而必鸣"的信心,决定北上应试。经过一年的艰难跋涉和六年的苦苦坚持,终于如愿以偿。

唐德宗贞元八年(792)所举进士共23人,全是天下名士,有韩愈、李观、李绛、崔群、王涯、冯宿、庾承宣等人,被称为"龙虎榜"。欧阳詹是该科进士第三人。他的中第,开闽南风气之先。第二年,泉州刺史席相在东湖设宴,为8名赴京赶考的举子饯行,鼓励他们为家乡争光,并请回乡省亲的欧阳詹作陪,许多乡民目睹了这次盛会。可以说,欧阳詹中第,与他参加的这次饯行盛典对后世产生很大的影响,常衮、席相等人为培养泉州英才做出卓越的贡献。欧阳詹在宴后所写的《东湖宴秀才序》中,盛赞席相"尽心竭诚,奉主化民之宰",而明万历《泉州府志》也称:"泉自常衮倡学,欧阳詹应其选,迨后……文风大盛,乡民皆知向学。"也正是这种影响,韩愈误以为"闽人第进士,自欧阳詹始",把他当作福建进士第一人(实是长溪薛令之)。

欧阳詹中进士后,与韩愈、柳宗元、刘禹锡等人结为志同道合的好友,他全力参与韩愈的古文运动,很想在文学上有所作为,但并未受到朝廷的重用。他在长安过着借贷赁屋、缺衣少食的生活。直至贞元十五年(799),他第四次参加礼部的选拔考试,才被授予国子监四门助教,这是皇家高等学府"四门学"的最低官职。尽管如此,但他还是福建历史上第一个担任此教职者,所以被人们尊称为"欧阳四门先生"。任内,他循循善诱,积极举荐人才。如徐晦落第,他作诗加以勉励:"嘉谷不夏熟,大器当晚成。徐生异凡鸟,安得非时鸣。汲汲有所为,驱驱无本情。懿哉苍梧凤,终见排云征。"对他寄予厚望。果不其然,徐晦不负所望,第二年便考取进士第一名。太学生何蕃因双亲年老,归和州奉养,屡请不起,议论不一。欧阳詹举何蕃曾制止太学生附从朱泚叛乱一事,赞扬他是仁勇之人。韩愈从徐州回京述职,他率领学生向朝廷保奏,以韩愈为博士。史称,唐自助教设官以来,善举其职者,未有超过欧阳詹的。

正当欧阳詹要充分发展自己的才华,在文学和教育上做出更大贡献时,贞元十六年(800),不幸英年早逝,客死长安,年仅41岁。关于他的死,黄璞在《闽川名士传》里有详细的描述。说是欧阳詹中第之后,从京师往游太原时,恋上一个歌妓,两人山盟海誓,相约欧阳詹回京之后再来迎娶。岂料好事多磨,歌妓在欧阳詹离开之后,相思成疾,病危之际,自断青丝,藏于镂金箱匣中,并留下绝命诗云:"自从别后减容光,半是思郎半恨郎。欲识旧来云髻样,为奴开取镂金箱。"但欧阳詹返京之后,为世事所阻,未能依期践诺,等到他被授予四门学助教之后,派人前往太原迎娶时,歌妓已逝。使者拿着她的遗物遗诗回去复命,欧阳詹启函检视,一恸而绝。后人虽然对欧阳詹的"情死"表示怀疑,但以欧阳詹的心性而言,是完全有可能的。欧阳修描述他:"詹事父母孝,与朋友信义。其文章切深，回复明辩。"对待父母至孝，对待朋友至诚，言信必守，用情至深，也就造成这样的情殇悲剧。一代英才的诗风文采千古流芳，他的儿女情长也成为古今佳话。

欧阳詹死后，其生前好友自发地为他写诗文哭悼，如李翱为之作传，韩愈写有《欧阳生哀辞》，孟简专门做《咏欧阳行周事》诗和序，崔群哭之甚哀，而受到他勉励中第、后任福建观察使的徐晦一提起欧阳詹，便痛哭流涕。可见欧阳詹生前为人真诚、与人为善，深得上司、同僚和朋友的信赖。

根据欧阳詹的遗嘱，他的灵柩运回故里，安葬在莆田广化寺灵岩塔浮屠之阴。1993年被定为"莆田市文物保护单位"，并立碑介绍其一生的业绩。

欧阳詹对福建的影响是深远的。他著有《欧阳行周文集》十卷行世，集赋、诗、记、传、铭、颂、箴、论、述、序、书、启等140余篇，《全唐诗》收有他的诗一卷。《闽政通考》称颂他："欧阳詹文起闽荒，为闽学鼻祖。"朱熹在泉州讲学时，为欧阳詹四门祠题联曰："事业经邦，闽海贤才开气运；文章华国，温陵甲第破天荒。"高度赞扬他在福建历史上的地位和影响。欧阳詹不仅是唐代福建士子的杰出代表，而且对中唐的文风也有很大影响。同时代的李贻孙为《欧阳行周文集》作序时评价："君之文新无所袭，才未尝困。精于理，故言多周详；切于情，故叙事重复：宜其司当代文柄，以变风雅。"

（孙清玲）

王审知

　　王审知（862—925），字信通，又字祥卿。旧居今河南信阳地区（古称光州）固始县城东30公里外的分水亭乡王堂村。本琅琊人，出身名门望族。秦将王翦三十四代孙。其五代祖王晔为固始令，善政多多，民爱其仁，勉留之，因迁家于此，遂世为固始人。王审知状貌雄伟，方口隆准，喜读书，好骑射，常乘白马，号称"白马三郎"。这一美称跟随在他此后的戎马生涯中。其兄王潮（846—895），字信臣，"沉勇有智略"；次兄审邽（858—904），字次都，"喜儒术，善吏治"。

　　唐末，黄巢起义军打进长安，僖宗入蜀，群盗起于江淮。寿州人王绪与妹婿刘行全，聚众万余而据寿州，自称将军。攻取光州，纳收士民，以广队伍。其时，王潮为固始县佐史，王潮"志尚谦恭，誉蔼乡曲，善于和众，士多归之"。（清·吴任臣：《十国春秋·卷九十·闽一·司空世家》。）与弟审邽、审知，以才气知名，邑人号曰"三龙"。王绪为网罗人才，施以计谋，迫使王氏兄弟五百乡民从军，并任王潮为军正，主粮秣。并其二弟亦召置军中。当时，奉国军节度使秦宗权称霸蔡州一带，自制帝号，补署官吏，"恃势侵凌四境"。王绪寡不敌众，只好退出了固始。王绪率众南奔。至赣境，略得阳、赣水；入闽地，取汀州、陷漳浦，但皆未能据之。且王绪嫉妒贤能，"猜刻不仁"，凡才貌过己者,必暗除之,军中人人自危,"不保朝夕",因而激起兵变,为部将所逼自杀,众推王潮为主。

王潮占有"五州之地"后,于乾宁元年(894)发生了黄连洞(今宁化县东)"蛮夷"聚众2万围攻汀州的事件。潮遣李承勋率军万人征讨,"蛮夷"溃逃,汀州解围。李乘胜迫击,予以全歼。由是福建局势略为安定,潮即着手从事开拓和经营福建的事业。采取还流亡、定租税、巡州县、劝农桑、交邻道等措施,发展生产,保境安民,政绩颇佳,"人皆安之"。同年,潮委仲弟审邽为泉州刺史。邽喜儒术,通《书》《春秋》,善吏治;并采取招抚流民回归原籍生产者给牛、犁和兴建庐舍予以妥善安置的措施,深得民心。

乾宁三年(896)九月,朝廷升福建为威武军,委潮为节度使;翌年,潮死。由审知充威武军留后、检校刑部尚书,继而升迁为节度使;天祐元年(904),朝廷加封王审知为"琅琊王"。天祐四年,后梁太祖朱全忠加拜王审知为中书令、福州大都督长史。开平四年(910),又封为闽王。

主政福建以后,王审知首先需要稳定政权,所以对其他势力采取招抚策略。王审知对各地方势力"感知以恩,绥之以德,且曰吏实为虐,尔复何辜。示以宽仁,俾之柔服"。招抚策略不但解除了地方武装的威胁,而且进一步收揽民心,巩固了其统治基础。政权建立后,王氏又大力整顿吏治,选用一批有才能的、执法严明的官吏。如任命"弹劾百僚,甚有风采"的张庇为殿中侍御史,任命王彦复、王审邽和王延彬先后为泉州刺史,孟威为建州刺史,钟全慕为汀州刺史等。他们任职一方，恪尽职守，为各地的发展做出了贡献。

在经济上，王审知采取了积极有效的政策发展福建的农业、商业。王审知在位时，政府兴修了大量的水利工程以灌溉农田。如在开平四年，"大浚侯官县西湖，广至四十里，溉民田无数"。在农业赋税和徭役方面，政府取消了两税之外的一切附加税，并注重"使民以时"。在发展工商业方面，王氏鼓励工商，实行宽商政策；整治河道，整修海港，新建"甘棠港"，"尽去繁苛，纵其交易，关讥廛市，匪绝往来"，（李志坚：《王潮、王审知兄弟治闽与中原文化的南传》，《信阳师范学院学报（哲学社会科学版）》，2009年01期。）发展海外商业贸易。一时福建出现"击毂摩肩"的景象。总之，良好的利农利商政策，使得福建经济发展迅速，史载"鸡犬相闻，时和年丰，家给人足"。

在整顿吏治、恢复经济的同时，"化战垒为良畴，谕编氓于礼义"，"广设庠序，至于礼闱考艺，无不言文物之盛"，出现了空前兴盛的府、县学及乡间私塾。

由于王氏采取了这一系列文化政策，闽地文人非常活跃，那些因流放或避难到闽的中原士人，原有不少就有较高的职务，阅历多，政治经验丰富。王氏兄弟十分注意对人才的吸引，使得大批的文人、儒士以及官宦参与到王闽政权。许多公卿学士如杨承休、郑璘、归传懿、韩偓、杨赞图、郑戬等，为躲避战祸和政事，纷纷挈眷或率族来归。当时福建所聚集的人才，主要包括三部分：一是从外地流入的士人；二是本地士人；三是南下的固始士人。对于士人，无论是福建本地还是外地流入，王氏兄弟都持欢迎态度。对文人士大夫大力招揽，尊崇有加。王氏兄弟在闽，"颇折节下士，开四门学馆以育才为意。凡唐宋士大夫避地而南者，皆厚礼延纳，作招贤院以馆之"。在王氏兄弟的努力下，大批的文人士大夫汇集于王闽政权。"王倓，唐相溥之子；杨沂，唐相涉从弟；徐寅，唐时知名进士，皆依审知仕宦"。"右省常侍李洵、翰林承旨知制诰兵部侍郎韩偓、中书舍人王涤、右补阙崔道融、大司农王标、吏部郎中夏侯淑、司勋员外郎王拯、刑部员外郎杨承休、弘文馆直学士杨赞图、王倜、集贤院校理归传懿等皆入闽"。

在闽，他们既显露了文才，也表现了出色的政治才干，王审知"政绩斐然"，离不开他们的积极作用。如王审知的尊奉中朝，"（黄）滔归正有力焉"；办校育人，又与翁承赞分不开。翁为唐末进士，审知用为相，进劝"建学四门，以教闽之秀者"。

仙游人郑良士"博学，善属文"，昭宗景福二年（893）"授国子四门学士"；莆田人黄滔，"光化中，除四门学士"；莆田人徐寅"登唐乾宁进士第"等，都具较高的文学素养。黄滔为崔道融作祭文，为陈峤作墓志，说明了南北文人的交融；徐寅仕唐、梁，著述颇丰，其赋脍炙人口，且流传海外，渤海国高元固说，"本国得《斩蛇剑赋》《御水沟赋》《人生几何赋》，家家皆以金书，列为屏障"，非常珍重。王审知时期文化建设的成就，为宋代福建文化地位的提高奠定了良好的基础。

王审知治闽期间，在境内兴办教育，广设学校，使州有州学，县有县学，乡僻村间设有私塾，并拨出专门经费供给师生膳食。五代后梁龙德元年（921），王审知采取翁承赞的建议在福州留晖门外（今圣庙路）建"四门学"，以"教闽士之秀者"。聘请著名文人陈郯、黄滔等为"四门博士"，其主旨在于"聚书兴教，使民知礼义，从善如流"。同时招纳文士，叙任官职，士子既有进身之阶，一时文风大振，并由管城丞周启文，设鳌峰书院于九仙山，请福州绅老吴勖进士为大教授，选拔多方之秀、读书于名山秀水。闽王并按期亲临阅卷，论才授职，八闽读书蔚成风气。

王审知治闽期间，奉行"宁为开门节度使，不作闭门天子"的从政理念，发展对外贸易，轻徭薄赋，招纳贤才，重视教育，使福建迎来了历史上难得的发展时期。王审知利用福州靠江面海的地理优势，开辟甘棠港，拓展对外贸易的新航线，使福州港在这时期成为中国"海上丝绸之路"的重要港口。王审知治闽期间福州已成为经济贸易发达的"闽越都会，东南重镇"。黄滔撰《灵山塑北方毗沙门天王碑》提到王审知疏浚福州河渠事迹，"其东画长川以为洫，西连乎南，盘别浦以为沟，悉通海鳝。朝夕盈缩之波，底泽鳞介，岸泊艓艛"。这就是说，河渠疏浚以后，海鳅巨舶，可以乘潮驶入。内河两岸，停泊着大小船只（艓艛）。《旧五代史·僭伪列传》：王审知"起自陇亩，以至富贵，每以节俭自处，选任良吏，省刑惜费，轻徭薄敛，与民休息。三十年间，一境晏然"。王审知在福州发展海外贸易所取得的成就助推宋代福州港显现"百货随潮船入市，万家灯火户垂帘"的繁荣盛景。

王审知长于中原，自幼深受儒家思想熏陶，而且举于乱世，亲眼目睹了晚唐民不聊生之状，故其明白要使百姓安居乐业，应当首先施行仁政，将儒家思想当成治国的根本，"始者我公之登坛也，其一之年，偃干戈，兴礼乐。二之年，陈耒耜，均赋舆。三之年，叠贡输，祗宠泽。万乘臣其职，四邻视其睦，百姓天其政。故一川之镜如，灵台之月如。融融怡怡，愉愉熙熙。乃大读儒释之书，研古今之理。"（杨娟娟：《统合儒释：王审知治闽方略探析》，《福建论坛》，2009年11期）

从景福二年王潮、王审邽、王审知兄弟攻占福州算起，至开运二年（945）南唐灭闽止，闽国共存在52年的时间，其间王审知在位27年（898—925），占了逾半时间。这27年是五代闽国最为繁荣的时期，也是福建佛教的兴盛期之一。在黄滔的笔下，王审知修寺、建塔、缮经、开斋等一系列的佛教行为都是为君王、为父母、为社稷、为百姓求福的忠孝爱民之举，是其治世立国的有效手段。

此后，历朝福州的地方官对忠懿王庙都曾进行过不同程度的修葺或重修。宋政和中郡守罗畴，绍兴中郡守张守相继修葺。明万历二十八年（1600），王审知裔孙王一腾请于抚按重修，同为王审知裔孙的转运副使王亮，力襄厥成。四十年（1612），巡抚丁继嗣重修。清康熙元年（1662），巡抚许世昌重修。道光七年（1827），王审知裔族整修闽王祠。

（谢彪）

柳 永

柳永（约984—约1053），原名三变，字耆卿，又字景庄，后改名永，因排行第七，故又称柳七。福建崇安（今武夷山市）人。约生于北宋雍熙元年（984）。祖父名崇，字子高，以儒学著名。父亲柳宜，曾任南唐监察御史，后于雍熙二年中进士。叔父柳宣等五人，也都入仕为官。柳永就生长在这样一个官宦家庭。他兄弟三人，长兄三复，真宗天禧二年（1018）进士，景祐元年（1034），柳永与次兄三接同榜登进士。兄弟三人在当时都有文名，时称"柳氏三绝"。

淳化元年（990），柳宜入汴京上书，授全州通判，柳永随父赴任。淳化五年，柳宜以赞善大夫调往扬州，柳永随往，习作《劝学文》。至道三年（997），柳宜命其弟携画像前往故里崇安，以慰家母思念，柳永随叔归乡。从此，柳永在家乡崇安生活了一段时间。他读书勤奋，曾留下题咏武夷山水的诗篇《巫山一段云》。后来，随父游宦汴京（今河南开封）。柳永有功名用世之志，努力想登上仕途，但在科场方面却一再遭到挫折，多次应试不第。他精于音律，善为歌词。"教坊乐工，每得新腔，必求永为辞，始行于世，声传一时"。当时仁宗皇帝也"颇好其词，每对宴必使侍从歌之再三"。柳永急于谋求仕途宦达，作宫词《醉蓬莱》，想通过内官送达后宫，以求其助。不料被仁宗皇帝发觉，不悦，"自是不复歌其词矣"。柳永郁郁不平，曾写下《鹤冲天》一词，中有"才子词人，自是白衣卿相""忍把浮名，换了浅斟低唱"等词句，更触怒了宋仁宗。在一次殿试临放榜时，仁宗说："此人风前月下，好去浅斟低唱，何要浮名？且填词去。"从此，柳永便自称"奉旨填词柳三变"，更加陶醉于青楼歌馆以求精神安慰。此后，曾几度离开汴京，漫游于江浙、江淮、长安、渭南、荆湖一带。他更加着意于填写新词，以使他的词"传播四方"。

景祐元年（1034），仁宗亲政，特开恩科，对历届科场沉沦之士的录取放宽尺度。柳永闻讯，即赶赴京师。是年春闱，柳永终于中了进士。暮年及第，他喜悦不已。但柳永在官场还是不得意，只当过一些小官。他先是出任睦州（州治在今浙江建德县）团练推官。他到职后，勤于职守，很快得到州官吕蔚的举荐，因"未有善状"受阻。在睦州任内，曾作一首《满江红》，生动形象地描述桐江的优美景色，深受当地人民喜爱，每逢迎神岁祀，都歌唱此词。离睦州团练推官任后，他当过余杭县令，抚民清净，深得百姓爱戴。宝元二年（1039），柳永任昌国县（今浙江定海县）晓峰盐场监，掌管场务和盐税的征输。他为政有声，任职期间接近盐民，了解到盐民终岁辛劳还是饥寒交迫，写下《煮海歌》："煮海之民何所营？妇无蚕织夫无耕。衣食之源太寥落，牢盆煮就汝输征……周而复始无休息，官租未了私租逼。驱妻逐子课工程，虽作人形俱菜色。煮海之民何苦辛，安得母富子不贫……"表达了对盐民苦难的深切同情，对残酷的官私剥削者的不满。从中可以看出，他并不是一个完全沉溺于自我的精神世界而不关心现实的人。

庆历三年（1043），柳永调任泗州判官。他当时已为地方官三任九年，且皆有政绩，按宋制理应改官，竟未成行，柳永"久困选调"，遂有"游宦成羁旅"之叹。八月，范仲淹拜参知政事，颁行"庆历新政"，重订官员磨勘之法。柳永申雪投诉，改为著作佐郎，授西京灵台山令。庆历六年，转官著作郎。皇祐元年（1049），转官太常博士。皇祐中（1049—1053），充屯田员外郎，遂以此致仕。大约在皇祐五年（1053），柳永卒于江苏镇江。

柳永是北宋著名词人，他的《乐章集》保留了近200首词。他对词的发展的贡献，首先表现在对词调的创新上。从唐至宋，词的形式多为小令或中调，与柳永同时而略晚的张先、晏殊和欧阳修，仅分别尝试写了17首、3首和13首慢词，慢词占其词作总数的比例很小。柳永是两宋词坛创用词调最多的词人，一人就创作了慢词87首、调125首。他大量运用晚唐和五代民间曲子词的形式，采取铺叙手法，大胆创新，写下"多达百十字"的长调慢词，扩大了词的题材和内容。慢词是伴随北宋"新声"流行而出现在词坛的。"新声"即流行乐曲。柳永新创的词调，就是为了配合这种"新声"。据统计，在宋词880多个词调中，属于柳永首创或首次使用的就有100多个。

与大量慢词词调创作相应的，是柳永对词的题材的开拓。他创作出了多方面题材的作品。其中最突出的成就还在于羁旅行役方面，这无疑是基于他一生宦游沉浮、浪迹江湖的切身感受。如在《八声甘州》词中，用"潇潇暮雨""霜风凄紧""残照当楼"，衬托自己"叹年来踪迹，何处苦淹留"，欲归无计的苦闷心情。除抒发自己怀才不遇、宦途坎坷、生活困顿的感慨之外，他还有写景词与咏史、咏物词。写景词，如描写汴京上元夜的《迎新春》和描绘杭州风景的《望海潮》。《迎新春》生动地描绘帝都的繁华、鳌山灯节的热闹和市民狂欢的情景，宋英宗时，大臣范镇说："仁宗四十二年太平，镇在翰苑十余载，不能出一语咏歌，乃于耆卿词见之。"《望海潮》词所描写的杭州景色，既有"烟柳画桥，风帘翠幕"的清丽，又有"云树绕溪沙，怒涛卷霜雪，天堑无涯"的壮观，其中"重湖叠巘清嘉，有三秋桂子，十里荷花"，精炼地概括了西湖山水的秀丽景色，更是脍炙人口。据说百余年后金主完颜亮闻此曲，遂起投鞭渡江之志，可见此词影响之深。柳永长期生活在都市里，对都市生活有着丰富的体验，他的词对苏州、扬州、会稽、长安等地都有描绘，对一些重要的民族节日如七夕、重阳等也有所描写，并能真实地反映人民群众游乐的生活情况。咏史的词，如《双声子》上阕写夫差旧国的萧条，下阕转入议论，"想当年，空运筹决战，图王取霸无休。江山如画，云涛烟浪，翻输范蠡扁舟"，褒贬有力。又如《西施》是歌咏西施的史事，对她寄以无限同情。咏物的作品，如《黄莺儿》《咏莺》《玉楼春》等，也都表现了他创作题材的多样化。

　　对于柳永的词，传统观点认为有雅和俗两个方面，多崇其雅而贬其俗。其实柳永在词的创作上之所以能够取得成功，正是因为其词通俗白描和有真情实感。词本来是从民间而来，敦煌曲子词也多是民间词，到了文人手中后，渐渐被用来表现文人士大夫的生活、情感。柳永在未入仕前，敢于蔑视传统礼教，大胆和民间乐工、歌女等艺人接触，了解他们的生活和思想感情，不仅从音乐体制上改变和发展了词的声腔体式，而且从创作方向上改变了词的审美内涵和审美趣味，即变"雅"为"俗"，使词从贵族的小众文艺活动重新走向市井。柳永的词，大量描写市民阶层男女之间的感情，词中的女主人公，多数是沦落青楼的不幸女子，不仅表现了世俗女性大胆而泼辣的爱情意识，还写出了被遗弃的或失恋的平民女子的痛苦心声。在词史上，柳永第一次将笔端伸向平民妇女的内心世界，为她们诉说心中的苦闷忧怨，反映了对封建礼教的非难，对被压迫妇女的同情。正是基于这样的原因，柳永的词才走向平民化、大众化，使词获得了新的发展趋势。这些所谓的"俗词"感情真挚、朴实，写爱情大胆纯真。柳永吸收了民间歌曲的长处，大胆以俚语入词，语言通俗、清丽。如在《雨霖铃》中，用"多情自古伤离别，更那堪，冷落清秋节！今宵酒醒何处？杨柳岸，晓风残月"，表达与佳人怅别的情景。这类作品脍炙人口，长期为人传诵。柳永擅长运用通俗的语言抒发情感，如《凤栖梧》词云："伫倚危楼风细细。望极春愁，黯然生天际。草色烟光残照里，无言谁会凭栏意？"把无限愁情含蓄在无言之中，使草色烟光染上感情色彩。他创作的俗词，堪与传统雅词分庭抗礼。

　　由于柳永的词作感情真挚，音律谐婉，且"善于状难状之景，达难达之情，而出之自然"，因而受到民众的喜爱，时称"凡有井水饮处，即能歌柳词"，可见其影响之大。柳永慢词虽然也存在格调不高、内容不够深厚，以及在铺叙的过程中缺乏含蓄蕴藉的问题，但是，作为慢词的开拓者，柳永大量写作慢词，扩展了词的规模和领域。词至柳永，体制始备，令、引、近、慢、单调、双调、三叠、四叠等长调短令，日益丰富。形式体制的完备，为词的发展和后继者在内容上的开拓提供了前提条件，柳永对后世慢词的创作影响很大，为我国词的发展起了重要的作用，这是应当充分肯定的。

（庄恒恺）

杨 时

杨时（1053—1135），字行可，因与友人的父亲同字，后改字为中立，又因杨时的故里龙湖别名叫"龟山"，后世学者尊称其为"龟山先生"。杨时是闽中理学的开创者，在福建以至全国思想文化史上享有崇高的地位。

北宋仁宗皇祐五年（1053），杨时生于南剑州兴善里龙池团（今福建明溪县瀚仙镇龙湖村）。他自幼就异常聪明，4岁入学读书，8岁会写诗，9岁能作赋，当时的人称他为"神童"。幼年的杨时读书非常刻苦，与同窗好友一起避开喧嚣闹市，选择安静的地方专心攻读，据宋代祝穆《方舆胜览》记载："侍郎岩，在清流县，乃丰熙中侍郎张驾、祭酒杨时、左司谏陈瓘少时读书之所。旧传三公肄业其间，不置卧榻，歠粥饮水，终岁不到岩下。"杨时15岁时到邵武求学，继续认真研读经书史籍，学业成绩优异。经过十数年的寒窗苦读，熙宁九年（1076），杨时24岁时，考中进士。朝廷委任他为汀州司户参军。元丰四年（1081），又被授予徐州司法。"学而优则仕"，是封建时代读书人的人生追求。但高中进士、被授予官职的杨时却认为自己在学业上还需要进一步提升，他反对学子为科举考试而读书，认为那只是"以文字自售"，一旦为官，很容易就变得只会一味追求荣华富贵，而丧失了作为读书人的本色。所以，虽然成为朝廷命官，但对他而言，求得学问精进的兴趣远大于做官的吸引力。他听说河南程颢、程颐讲授孔、孟之学最为醇正，就放弃了做官的机会，专门投拜到程颢门下，继续进修学问。游酢与杨时返闽时，程颢以目送之，高兴地说："我的理学造诣和成果从此可以向南方传播了（吾道南矣）！"后来，杨时在闽浙一带收了很多学生，据估算有千余人，比较有名气的有罗从彦、刘勉之、吕本中等人。罗从彦再传弟子朱熹，终成为理学集大成者。正因为杨时的学术功底和在传播理学方面的成就，所以被东南学者们尊为"道南第一人"。

程颢去世后，杨时又拜师程颐。初见程颐时，正值程颐独坐打盹，杨时与一起前去拜访的游酢侍立不去。等到程颐醒来发现前来拜访的二人时，门外雪深已达一尺厚。当时杨时年届41岁，又为官多年，尚能持此待师礼，实在让人钦佩。从此，"程门立雪"也成为尊师重道的美谈。

从元祐三年（1088）起，杨时先后任虔州（今属江西省赣县）司法，瀛州（今河北省河间县）防御推官。自绍圣元年至宣和六年（1094—1124），历知浏阳（今湖南省浏阳市）、余杭（今浙江省杭州市余杭区）、萧山（今浙江省杭州市萧山区）三县，还任过无为军判官、荆州教授等职。杨时为官以《六经》为准绳，以仁政为信条，所到之处"皆有惠政，民思之不忘"。如任虔州司法时，主持判决了很多疑案。时任虔州太守楚潜办案公平允当，而通判杨增却过于严厉，杨时支持楚潜的做法，杨增便认为杨时是奉迎太守，看低自己，对杨时很有意见。等到楚潜任满离职，继任太守执法不公，杨时经常据理力争，这时杨增才认识到杨时是个公正无私、恪守原则的人。

宣和五年（1123），宰相蔡京要召杨时到都堂任职，杨时以疾辞不赴。次年十二月，徽宗御笔召为秘书郎，抵京后迁著作郎。宣和七年三月，杨时上《论时事》札子，对慎令、茶法、盐法、转般、籴买、坑冶、边事、盗贼、择将、军制等十个与时局有关的重大问题提出看法和建议。十二月，闻金人南侵，又连上《论金人入寇》二疏，对时局提出建议，但徽宗均不采纳，金兵入侵后，徽宗慌忙逊位，并与蔡京等人一同逃往镇江。靖康元年（1126）正月，金兵包围汴京，各路勤王之师纷纷来会，但缺乏统一指挥。杨时上书钦宗，建议当先"立统帅，一号令，示纪律，而后士卒始用命"，并建议"肃军政"，主张对当时弃军溃逃的三路统帅童贯、威武军节度使梁方平、河东路制置副使何灌等严正典刑，"以为臣子不忠之戒"。书上，被钦宗授为右谏议大夫兼侍讲。时集结到汴京的各路勤王兵人数已大大超过围城的金兵，但主和议者仍坚持依金人的条件，割让太原、中山、河间三镇，以换取金兵北撤。杨时又上书极言"河朔为朝廷重地，而三镇又为河朔之要藩"，决不可弃，朝廷不可专守和议。书上，钦宗虽下诏出师，但并不认真抗敌。在当时混乱危机的局势中，李纲主战最力，终因反对和约而被撤职。太学生陈东等闻讯，率诸生数百人到宣德门上书请愿，要求复用李纲，罢免李邦彦，军民不期而集者数万人。一时京师骚动，人心不稳。吴敏要求让杨时出面安定太学，杨时对钦宗说："太学生此种举动，完全出于爱国忧时的赤忱，并没有其他的企图。只要挑选一位老成持重、行谊可风的人，去开导他们，自然就会平息。"钦宗遂以杨时兼国子祭酒。其时，宋王朝已陷入深重的内忧外患危机中，杨时认为蔡京是误国的罪魁祸首，而蔡京的误国，又是王安石所导致，他在给皇帝的上疏中说道："蔡京用事二十余年，蠹国害民，几危宗社，人所切齿，而论其罪者，莫知其所本也。盖京以继述神宗为名，实挟王安石以图身利"，"今日之祸，实安石有以启之也"。因此他建议："追夺（安石）王爵，明诏中外，毁去（安石）配享（孔庙）之像。"钦宗接受了杨时的建议。但杨时攻击王安石受到谏官冯澥的反击，因而被钦宗罢去国子祭酒的职务，改任给事中。杨时力辞不就，最后以徽猷阁待制致仕。

靖康二年五月，高宗即位，改靖康二年为建炎元年。杨时被授为工部侍郎兼侍讲。他上书高宗，提出除去崇宁以来所实行的茶、盐二法，修《建炎会计录》，恤勤王之兵等建议，但均未被采纳。因忠言不遇，便要求外放。建炎二年（1128），以龙图阁直学士提举杭州洞霄宫。同年十一月，回到故乡将乐。这时，杨时已76岁高龄，仍以著书、讲学为事。绍兴五年（1135）四月二十四日，杨时辞世，享年83岁。朝廷赠左中大夫，又赠太师太中大夫，谥文靖。

杨时生前即声名远著。宣和五年，路云迪、傅国华出使高丽，高丽王问二人说："龟山先生今在何处？"二人见高丽王如此敬重杨时，因而随机应道："现在召赴京城，正要重用。"当时杨时71岁，正在毗陵（治所在今江苏常州）任闲职。杨时的思想对后世影响深远。《宋史》本传上说："凡绍兴初崇尚元祐学术，而朱熹、张栻之学得程氏之正，其源委脉络皆出于时。"从政和四年（1114）至宣和六年（1124），他在江苏一带（今常州、无锡等地）著书讲学，各地学者慕名纷至沓来，其中无锡的讲学之处后来成为著名的东林书院，对明后期政治社会产生巨大影响。他的学说很快传播到了日本、朝鲜，后来逐渐取代了在日本占统治地位的佛教禅学，成为官学。

  杨时的学术思想继承了程颢、程颐的学说，并有所发展。他认为，"道"存在于日常生活的事事物物中，万物生灭，四时运行，人伦无常，都是"道"。人们要通过修养修炼，时时事事以心为主宰，达到不偏不倚、发而中节的境界，便是合乎"道"了。杨时把"性"分为"本然之性"和"气质之性"。他认为本然之性是粹然至善，而气质之性则有善有不善。其所以不善，是受气质限制的缘故，若能改变气质，依然可以实现纯粹至善的本然之性。杨时关于"性"的论述对后世影响很大。对于如何实现明"道"识"性"，杨时也提供了方法，他说："为是道者，必先乎明善，然后知所以为善也。明善在致知；致知在格物。"也就是说，要想求仁成圣，必先在"格物"上下功夫。在强调格物致知的同时，杨时也提倡重视内省的为学方法。

杨时对功名利禄、物质享受一贯淡漠。胡安国在杨时去世后撰写的《杨龟山先生墓志铭》载："视公一饭，虽蔬食脆甘，若皆可于口，未尝有所嗜也；每加一衣，虽狐貉绵袍，若皆适于体，未尝有所择也；平生居处，虽蔽庐夏屋，若皆可以托宿，未尝有所羡而求安也。故山之田园，皆先世所遗，守其世业，亦无所营增豆区之入也。老之将至，沉伏下僚，厄穷遗佚，若将终身焉。子孙满前，每食不饱，亦不改其乐也。"

杨时对儿孙、弟子的教育也很严格。勉励儿孙诗云："敝裘千里北风寒，还忆箪瓢陋巷安；位重金多非所慕，直缘三釜慰亲欢。"他告诫弟子们："富贵如浮云，苟得非所藏。贫贱岂吾羞，逐物乃自戕。胖胵奏艰食，一瓢甘糟糠。所逢义适然，未殊行与藏。"（杨时《书含云寺学者》）杨时以其语言行为，践行着儒家思想。当时李纲称赞他："儒林仪表，国家栋梁；风云翰墨，锦绣文章；驾长虹于寥廓，听凤鸣于高岗。"其赞赏是中肯的。朱熹也曾经多次盛赞杨时："孔颜道脉，程子箴规，先生之德，吾世所师。"

杨时一生著述丰富，存世著作有：《二程粹言》《春秋义》《孟子义》《字说论》《日录论》《曾肇行述》；已佚的著作有：《中庸解》《论语解》《易解》《礼记解》《周礼解》《书解》《经筵讲义》《校正伊川易传》《三经义辨》《龟山经说》《毛诗辨疑》《开成纪事》《龟山别录》。杨时门人或后人又根据杨时的著作或言论编辑成《龟山先生语录》《杨时集》《龟山集》《杨龟山先生集》《龟山先生文集选》等。福建人民出版社于 1993 年整理出版了由林海权点校的《杨时集》。

（谢彪）

李 纲

李纲（1083—1140），字伯纪，号梁溪居士，福建邵武人。他历仕徽、钦、高宗三朝，累官至丞相，是生活在南北宋之交的一位重要的政治家和军事家，是著名的抗金将领，是东京保卫战的直接领导人。

北宋神宗元丰六年（1083），李纲出生于一个官僚家庭。父亲李夔（字师和），于元丰初年考中进士后，任华亭县尉，因为政绩突出升为县令，累官右文殿修撰、知邓州，兼西南路安抚使，后来因李纲做了宰相而被赠太师、卫国公。李夔与杨时关系非常好，杨时曾在李夔去世后撰写《李修撰墓志铭》，其中回忆两人的关系时说："余与公（指李夔）俱闽人，又尝同为诸生，肄业于上庠，挟策考疑，时相从也。俯仰四十余年，一时朋游，凋丧略尽，与公有平生之旧，而知公之详，盖无遗矣。"

李纲幼怀大志，有强烈的忠君爱国思想。14岁时，随父戍边，适值夏兵来犯。按宋代法律，边城被围，守城人以日论赏。别的官宦子弟一心等待奖赏，只有李纲骑着战马在城池四周巡逻，显示了他的大无畏精神。《宋史》赞他："负天下之望，以一身用舍为社稷生民安危……其忠诚义气，凛然动乎远迩。"

崇宁三年（1104），李纲补国子监生，名列第一。政和二年（1112），上舍及第，授镇江教授。不久，调朝廷任国子正，又转任尚书考功郎，升任监察御史兼权殿中侍御史。任职才一个月，即因论事切直忤权贵，改任尚书比部员外郎。

当时，徽宗重用蔡京、王黼、童贯等人，政治腐败，民怨沸腾，"花石纲"扰民尤甚，但无人敢揭露时弊。宣和元年（1119），李纲任太常少卿，借京城水灾，上疏给宋徽宗，提出"畏天戒，固民心，收士用，严守备"，要求停止官廷园囿的修建，取消掠夺民间奇花异石的"花石纲"，整饬军备。徽宗却认为"所论不当"，把李纲降为南剑州沙县监税，兼任武平县事。李纲于宣和元年十二月到沙县任。二年六月起任承事郎，十月中旬离开沙县。李纲兼任武平县事期间，针对当时武平"伏莽滋蔓，草木皆兵，四郊多垒，鸡犬靡宁"的情况，采取了"申严保甲、盘诘奸宄，凡各隘口同心守望，巡缉稽查，协力提防，夙夜无间固结民心，安内攘外"等措施，短时间内使"不轨之徒闻风星散，使四民咸登衽席之安，商贾得免裹足之患"。李纲还建起"读书堂"，召集士子在此课文讲艺，"谕以道德文章为修身之本，忠孝节义为致君之源"。在李纲的治理教化下，当地民风大变，据康熙《武平县志》记载："绅士靡不感而思奋，咸以道德节义相尚。嗣是忠孝迭兴，贞烈相继，皆其流风余韵，普被无穷也。"以至于李纲离任时，当地百姓依依不舍，沿途挥泪相送，有的拉住李纲马车，有的抢下他的马镫，夺去马鞭，俯卧在马路上不忍李纲离去。

宣和七年（1125），金兵南侵，直逼汴京。在朝官员，茫然无策。时任太常少卿的李纲可谓人微言轻。宋代太常少卿的职责无非是在举行祭祀时负责迎送神主、搞搞卫生、摆摆香案、点点香烛、斟斟酒之类。然位卑未敢忘忧国，虽此前李纲曾多次因上疏不合时宜遭到贬斥，在国难当头之际，他再次挺身而出，慨然上疏，献"御戎五策"，主张收拾人心，施惠于民，蓄积财力，以强国势。又上三策：上策莫如亲征驱虏；中策莫如坚守，待敌自退，断其归路；下策一味避乱，以中原畀豺虎。李纲的奏疏未能引起宋徽宗的重视。怎样才能打动徽宗呢？李纲想起了好友给事中吴敏。他诚恳地对吴敏倾吐了自己的想法，并以唐肃宗李亨灵武称帝退敌复兴的故事激励吴敏，希望他与自己携起手来，一道说服徽宗禅位于太子赵桓，以增强朝廷的凝聚力和号召力，招徕天下豪杰，拼死一战，守卫大宋的宗庙社稷。吴敏对李纲的提议极为赞赏。第二天，吴敏请求朝对，在朝堂之上直言不讳，吁请徽宗禅位于太子，并特别申明："李纲之论，盖与臣同。"于是，"有旨召纲入议，纲刺臂血上疏云：'皇太子监国，典礼之常也。今大敌入攻，安危存亡在呼吸间，犹守常礼可乎？名分不正而当大权，何以号召天下，期成功于万一哉？若假皇太子以位号，使为陛下守宗社，收将士心，以死捍敌，天下可保。'"

靖康元年（1126），徽宗禅位给钦宗。钦宗下诏亲征，命李纲为兵部侍郎、亲征行营参谋官，后又升为尚书右丞、亲征行营使，许以一切便宜行事。李纲乃团结汴京军民及各路勤王军队，对金兵展开汴京保卫战。当时，各路勤王之师共20多万，而金兵不过6万。在这种有利形势下，宋朝廷不肯把军队交给李纲统一指挥，而是把他们分成几个独立的单位，使事权分散，作战方针犹豫不定，甚至借守城将领姚平仲带兵夜袭金营的失利，便罢免李纲官职，并以大量金银、缎匹和割让太原、中山、河间三大军事重镇的优厚条件向金兵谢罪求和。太学生陈东等闻讯，伏阙上书乞罢李邦彦等，复用李纲。军民不期而集者数十万人，群情汹汹。钦宗不得已，恢复李纲的官职。金兵见宋军不断增援，而宋廷又已允割太原、中山、河间三镇，便撤兵北去。

金兵退后，徽宗自镇江回汴京，李纲因保卫汴京有功，任枢密院事，封开封伯。李纲预计金兵虽退，必再入寇，在具奏"备边御敌八事"之后，又奏请改革政治，荐用贤能，及诏发天下防秋之兵，加强防卫。但这时朝中主和派张邦昌、耿南仲之流又得势，一方面罢遣各路勤王军和民众自动组织的义军，一方面将李纲调离，出任河北、河东安抚使，继又调回京任观文殿大学士，知扬州，最后竟以"专主战议，丧师费财"的罪名，将其撤职，提举亳州明道宫，责授保静军节度副使，安置建昌军（今四川西昌县），再谪云南宁江。

靖康元年秋天，金兵再度南侵，汴京被围。钦宗感到和议失策，又起用李纲为资政殿大学士，领开封牧，想倚靠其再解汴京之围。但李纲未至而汴京失守，金人立张邦昌为伪楚皇帝，并在大肆掳掠后，挟徽宗、钦宗父子北去。

北宋遂亡。

建炎元年（1127），康王赵构在南京（今河南商丘）即位，是为宋高宗。高宗以李纲素孚威望，任命为尚书仆射兼中书侍郎，晋封开国侯。不久又兼御营使，晋封开国公。李纲接到任命，迅速奔赴南京，殚精竭虑，为高宗筹划重整朝纲，组织抗金，并与朝中汪伯彦、黄潜善、颜岐等投降派大臣展开了尖锐斗争。高宗召集大臣讨论如何处置张邦昌。黄潜善、颜岐等主张给张邦昌加官晋爵，委以重任，理由竟是"他很受金人的喜欢"；其他一些大臣则模棱两可，首鼠两端；李纲的主张非常明确，张邦昌作为宋朝重臣，奴颜卑膝，向金人献媚，在徽、钦二帝被掳后即位伪帝，罪该万死，向高宗涕泣进言："臣不可与邦昌同列，当以笏击之。陛下必欲用邦昌，第罢臣。"高宗大为感动，将张邦昌贬谪潭州。李纲力主抗击金兵，收复失地，迎回二帝，重整山河。为加强防御，增强抗金斗争力量，他奏请高宗，设置河北招抚司和河东经制司，并推荐战功卓著的张所任河北招抚使、傅亮任河东经制副使；推荐屡建功勋坚决抗战的老臣宗泽出任东京留守；还针对长期以来军政官吏腐败、赏罚不明等积弊，颁布了新军制，着手整顿军政，并建议在沿江、沿淮、沿河建置帅府，实行纵深防御。高宗非常信任李纲，对于李纲的请求一一准奏，立即颁布施行。然而，随着金兵铁蹄的步步逼近，再加上朝中投降派大臣的蛊惑，高宗抗金的决心渐渐发生了动摇，又渐渐由动摇倒向了害怕和逃跑。这自然会遭到李纲的强烈反对。

不久，高宗颁布诏书要"去东南躲避"，李纲极言其不可，上疏说："自古中兴之主，起于西北，则足以据中原而有东南，起于东南，则不能以复中原而有西北。盖天下精兵健马皆在西北，一旦委中原而弃之，岂惟金人将乘间以扰内地；盗贼亦将蜂起为乱，跨州连邑，陛下虽欲还阙，不可得矣，况欲治兵胜敌以归二圣哉？……况尝降诏许留中原，人心悦服，奈何诏墨未干，遽失大信于天下！"有好心人奉劝李纲："皇上要逃到东南，去意已决，再说什么都没用了，你还是明哲保身吧。"李纲回答说："国之存亡，于是焉分，吾当以去就争之。"此后，李纲逐渐失去了高宗的信任。

建炎元年八月，李纲遭罢相，主政仅70天。"自纲罢……车驾遂东幸，两河郡县相继沦陷，凡纲所规画军民之政，一切废罢。金人攻京东、西，残毁关辅，而中原盗贼蜂起矣。"十一月二日，被责鄂州（今湖北武汉市）居住。二年十月，移居澧州（今湖南澧县）。十一月四日，又责授单州团练副使、万安军（今海南万宁县）安置。三年，李纲过象州、郁林州，七月抵雷州。十一月二十六日抵达琼州。十二月六日，尚未来得及去万宁的李纲获诏命渡海北归。他在海南只居住了十天，用他自己的话说是"琼山十日"。李纲也把这段经历自比苏东坡，他说："幼年，术者谓命似东坡。虽文采声名不足以望之，然得谤誉于意外，渡海得归，皆略相似。"同年，金兵又大举南侵，高宗被迫下海出逃。建炎四年，金兵在河北立刘豫为伪齐皇帝后北撤。高宗回到绍兴。为了抵抗金兵，保全残破的东南半壁江山，不得不把李纲调回，先任银青光禄大夫。绍兴三年（1133），朝廷为安定后方，又重新起用李纲为观文殿大学士、荆湖广南路宣抚使，兼知潭州（今湖南长沙）。李纲到湖南后，对各地武装力量，分别不同情况，采取不同的对策。对"小民迫于衣食"者，以抚为主。不到一年，湖南"境内遂安，流移归业"。在招抚中，"尽选精强付诸将"，使之转为抗金力量。这时主和派又纷纷在高宗面前攻击李纲是"藩镇跋扈之渐……使军民独知有纲，不知有陛下"，于是高宗又下诏将李纲撤职，提举西京崇福宫。李纲自湖南回福州。

绍兴四年冬，金兵与伪齐军队渡江攻建康（今江苏南京），南宋主战派宰相赵鼎劝高宗亲征。李纲上奏防御三策：上策为派岳飞疾趋襄阳，震慑伪齐，不但可牵制南下金兵，且可进而恢复中原；中策为驻跸江上，召上游之师顺流而下，再命韩世忠、刘光世等率师进攻淮南要害之地，断金兵粮道，金兵必退遁；下策为借亲征之名，举棋不定，必使卒伍溃散，州县残破，"则其患不可测"。高宗以李纲所陈皆当务之急，付三省、枢密院施行，并降诏奖谕，称李纲"料敌于千里之外，制胜于三策之间"。由于宋廷采纳李纲积极战守的建议，军民配合作战，在前线大获胜利，金兵和伪齐军被迫后退。

绍兴五年，高宗诏前宰执议战守方略，李纲应诏直言，对于和、战、守三者关系的看法："臣窃以和、战、守三者一理也,虽有高城深池,弗能守也何以战?虽有坚甲利兵,弗能战也则何以和?以守则固,以战则胜,然后其和可保。不务战守之计,唯信讲和之说,则国势益卑,制命于敌,无以自立矣。"当时朝内多数官僚都是畏敌如虎的,这些人把议和希望寄托在取得金人的欢心上。对女真人所提出的一切苛刻要求,都尽量予以满足,并极力反对备战,说这样会触怒了他们,破坏了和议,其结果恰恰招致了他们的加速进攻。李纲驳斥了这种谬论,提出了能战而后能和的主张,是十分正确的。抗金初期,由于北宋政府军队的腐败无能,一触即溃,使得金兵长驱直入。当时朝中的投降派,惊惶万状,说敌人势如泰山,宋朝如累卵。夸大敌人的声势,灭却自己的威风。但李纲却看出敌人在这次战争中是不得人心的,虽然貌似强大,并不可怕。他又看到宋朝军民爱国情绪的高涨,认为只要政府举起抗战的旗帜,一定能得到人民的支持,虽弱必兴,必能转弱为强,取得最后的胜利。

疏奏,高宗亲笔褒谕,复任李纲为观文殿大学士、江西安抚制置大使,兼知洪州(今江西南昌);不久,又兼本路营田大使。淮西宋将郦琼因与主将张浚不和,率众叛投伪齐,建康震动,高宗退回平江。主和派乘机攻击李纲,称"江西大旱,而纲课民修城","妄自尊大,恣为苛扰……违法虐民"。高宗又将李纲撤职,提举临安府洞霄宫。绍兴八年正月,李纲自江西回福州。金国以攻宋久不能克,扶植伪楚、伪齐阴谋又迭遭失败,只得应允南宋求和,但要高宗跪拜接受诏书。李纲闻之，极为气愤，向高宗痛斥金国无礼，并称人心物力还可以有为，当"应天顺人，光复旧业"。高宗虽赞扬李纲"大臣当如此矣"，但还是在绍兴九年正月，与金国订立屈辱的"绍兴和议"，向金称臣纳贡。和约签订后，高宗举行庆祝活动，命百官进呈贺表，普遍加官晋爵。因李纲深受众望，也被任命为荆湖南路安抚大使，兼知潭州。李纲坚决反对和议，不肯受命，以疾力辞。高宗诏允所请，仍旧提举临安府洞霄宫，居福州。

李纲痛国事无可为，衰病交加。绍兴十年正月，正值上元节，举行家祭。李纲抚几号恸，感怆疾剧，当日殁于福州楞严精舍。讣闻，高宗诏赠太师。同年十二月，葬于福州怀安桐口乡大嘉山（今闽侯荆溪镇光明村湖里）。绍兴十三年，赠太保；绍兴二十八年，再赠太师；淳熙十六年（1189），特赠陇西郡开国公，谥忠定。李纲曾于绍兴二年谪居鄂州时写下脍炙人口的传世名篇《病牛》："耕犁千亩实千箱，力尽筋疲谁复伤？但得众生皆得饱，不辞羸病卧残阳。"以咏牛来表达自己虽屡遭挫折依旧百折不回锐意进取的执着追求，可以说是其一生真实的写照。李纲爱国的一生受到后人的敬仰。朱熹评价李纲："纲知有君父而不知有身，知天下之安危而不知身之有痼疾，虽以谗间窜斥濒九死，而爱国忧君之志终不可夺者，可谓一世伟人矣！"清代林则徐十分尊崇李纲，在福州西湖建造李纲祠，并题联："进退一身关社稷；英灵千古镇湖山。"

李纲著作有：《易传内篇》十卷，《易传外篇》十二卷，

《论语评说》十卷。又有《靖康传信录》《奉迎录》《建炎时政记》《建炎进退记》《建炎制诰表札集》《宣抚荆广记》《制置江右录》及文章、诗歌、奏议百余卷。这些著作后来均收入《梁溪全集》。

(谢彪)

张元幹

张元幹（1091—约1170），字仲宗，自号芦川居士、真隐山人，晚年又称芦川老隐、芦川老人，福建永福（今永泰县）人，是两宋之际著名的爱国词人。

宋元祐六年（1091），张元幹出生于官宦之家，祖父张肩孟，字醇叟，宋皇祐五年进士，官至朝奉郎、歙州通判。伯父张劢（深道）、张勔（臻道）、张劝（闳道）相继登进士第而知名当世。父亲张安道，进士及第，曾仕宦于邺（今河北临漳县）。

张元幹从小聪明好学，因早岁丧母，十四五岁时即随父至河北官廨。这时候他已经能写诗，而且在官府里与父亲的"座客赓唱"。据当时的欧阳懋追忆："初若不经意，而辞藻可观，莫不骇其（指元幹）敏悟。"他自己也曾说过："少时有志从前辈长者游，担簦竭蹶，不舍昼夜。"（见《芦川归来集》卷九《跋了堂先生文集》）。在后来所作的《陇头泉》一词中，张元幹追忆少年时代的理想抱负说："少年时，壮怀谁与重论？视文章真成小技。要知吾道称尊。奏公车治安秘策，乐油幕谈笑从军。"表现出了想要建功立业的豪情。

大观四年（1110），张元幹到江西南昌向东湖先生徐师川请教。这时，江西诗派的洪刍、洪炎、苏坚、苏庠、潘淳、吕本中、汪藻、向子諲等九人组成诗社，饮酒赋诗作乐。向子諲是张元幹的舅父，张元幹因此"亦获攘臂其间"。

政和初年，张元幹随父亲到京师汴京（今河南开封），入太学，为太学上舍生。此时，张元幹的学业和诗词创作均大有长进，开始显露才华。李纲后来在为张元幹的文章作跋时就说过："予昔与安道少卿（即元幹父）游，闻仲宗有声庠序间，籍甚，恨未之识。"能够得到当时名宦的赏识，可见张元幹的才名流传甚广。

宣和元年（1119），张元幹又因事返回家乡永泰。他在《芦川豫章观音观书》中说："元幹以宣和元年三月出京师，六月至乡里，十一月乃复始行。"八月，张元幹在外孙陈氏家得到了祖父张肩孟的手泽，游酢、杨时、陈瓘、李纲、叶梦得、吕本中等三十多位当时名士为其祖父张肩孟的手泽题跋。返乡期间，他又上祖坟墓祭扫，为文刻石以表识之，今存《幽岩尊祖事实》和《祭祖母彭城郡夫人刘氏墓文》。

宣和二年春，张元幹至江西，拜忠肃公陈瓘于庐山之南，并留山中者甚久。宣和五年，张元幹在东都和陈与义、吕本中诸人交游酬唱，曾同避暑于资圣阁。宣和六年春，张元幹又返乡。在还京路过福州时，拜访了李纲。当时，李纲正罢官闲居。李"自宣和己亥（元年），以左史论事，谪官闲废七年"。李纲首次见到张元幹就非常赞赏，他高度评价张元幹说："今年春，仲宗还自闽中，访予梁溪之滨。听其言，鲠亮而可喜；诵其文，清新而不群。"宣和七年夏，李纲被召回朝，任太常少卿。同年冬，金兵大举进攻。次年正月，金兵渡过黄河，围攻汴京。徽宗内禅，钦宗即位，改年号靖康，任李纲为亲征行营使。李纲征召张元幹为行营属官。胡仔《苕溪渔隐丛话后集》引《诗说隽永》说："李（纲）伯纪为行营使时，王仲时、张仲宗俱为属。王颀长，张短小，百事相随。一馆职同在幕下，戏云：'启行营：大鸡昂然来，小鸡辣而侍。'"当时，徽宗仓皇出逃，钦宗也打算逃走，因李纲主战，力谏死守，才使金兵不能得逞。但钦宗竟同意割让中山、太原、河间三镇与金人议和，并为讨好金人，以"专主战议，丧师费财"的罪名，罢免李纲官职，张元幹也同时获罪。不久，张元幹怀着国家危亡的极其悲愤的心情离开了京城，沿着淮水漂流南下。

靖康元年（1126）冬天，张元幹听到汴京沦陷的消息，在淮水上写了四首《感事》诗，以抒发国家残破的无比沉痛，其中第三首是这样写的："贼马环京洛，朝廷尚议和。伤心闻殉地，痛恨竟投戈。始望全三镇，谁谋弃两河。群凶未菹醢，吾合老江波。"这首痛恨朝廷屈辱求和的诗篇，充分反映了作者抗金爱国的思想感情。

靖康二年春，张元幹到达临安（今浙江杭州），寓居西湖之滨。同年，康王赵构在南京（今河南商丘）即位，改号建炎。开始，宋高宗起用李纲为宰相，张元幹为朝议大夫、将作少监，充抚谕使。但高宗信任的仍是主和派，李纲仅任了70多天宰相，就被罢免，张元幹为此深感愤慨。

这时他写的《建炎感事》诗就显得十分沉痛、悲凉而又激愤。他愤怒地指出"乾坤忽震荡，土宇遂分裂"的原因是："议和其祸胎，割地亦覆辙。傥从种将军，用武寨再劫。不放匹马回，安得两宫说？"痛斥南宋王朝屈膝议和的行为，开创了南宋爱国诗词的先河。

建炎三年（1129）十月，金兵又南下攻宋，张元幹避难湖州。乘舟在烟波迷茫的水面上，写下了《石州慢·己酉秋吴兴舟中作》词，抒发收复中原的豪迈气概和壮志难酬的悲愤心情。

绍兴元年（1131），秦桧自金还归后不久，宋高宗即于是年二月授以参知政事（副宰相）。八月，任宰相。秦桧"专意与敌解仇息兵"（《宋史·秦桧传》）。面对朝廷腐败，张元幹于是年二月毅然辞官归里。当时沈与求作诗勉励他说："相逢无日不怀归，又是春山听子规。休叹豺狼迷道路，似闻貔虎仆旃旗。"但是，他为了"不屑与奸佞同朝，飘然挂冠"。

张元幹休官还乡后，仍然十分关心社会现实，竭力主张抗金，渴望宋王朝收复中原。这从他还乡后的一些交游活动中可以看出来。他所交往的大都是一些具有民族气节的反对和议的爱国之士，如李纲、张浚、胡铨、陈与义、吕本中、叶梦得、富直柔、李弥逊等。张元幹在这段时间里，常常外出游山玩水，写下了不少寄情山水景物的诗词，以此排遣郁积于胸的爱国抱负不能实现的苦闷。

绍兴八年二月，李纲在洪州（今江西南昌）上书宋高宗，反对宋金和议，被罢职，还归福建长乐。张元幹此时正寓居福州，愤然写下《贺新郎·寄李伯纪丞相》一词，慷慨悲凉，感人至深。绍兴十年正月十五日，李纲在福州逝世，张元幹怀着悲痛的心情写了《挽少师相国李公五首》及《追荐李丞相设斋疏》等，高度赞扬李纲坚定的抗金精神，寄托深切的哀思。

此前绍兴八年，张元幹的挚友、枢密院编修官胡铨，因反对与金议和，曾上书乞斩权奸秦桧、王伦、孙近以谢天下。绍兴十二年九月，宰相秦桧唆使亲信诬陷朝廷官员胡铨，诏除名，押送新州（今广东新兴县）编管。当时抗金名将岳飞已被害，秦桧气焰熏天，"一时士大夫畏罪箝舌，莫敢与立谈"。张元幹对投降派的卖国行径愤怒难平。为伸张正义，不顾个人安危，作《贺新郎·送胡邦衡侍制赴新州》一词，与之饯别，以壮其行。绍兴二十年（1150），秦桧探知张元幹送李、胡《贺新郎》词后，将张追赴临安（今杭州）大理寺削职、除名、入狱、抄家，但他并未屈服。张元幹的《贺新郎》一扫缠绵低徊的情调，沈郁顿挫，充溢了饱满的爱国热忱。尤其可贵的是，他在词中直指宋高宗"天意从来高难问"，在抗战问题上采取暧昧的态度，因而造成了"昆仑倾砥柱""九地黄流乱注"的惨痛局面；"目尽青天怀今古，肯儿曹恩怨相尔汝"，表现了回荡在张元幹和胡铨这对爱国志士心头的，不是那种琐细的儿女之情，而是出于对'万里江山'的关切，彼此肝胆相照，死生相托。正如刘熙载所赞扬的，"张元幹仲宗因胡邦衡谪新州，作《贺新郎》送之，坐是除名，然身虽黜而义不可没也"。胡仔《苕溪渔隐丛话》也称赞张元幹送李、胡两首《贺新郎》词一出，"不胫而走，天下争相传诵"。同时代蔡勘在《芦川居士词序》中说："其忧国爱君之心，愤世嫉邪之气，间寓歌咏"。清《四库全书总目》也评论说："其词慷慨悲凉，数百年后尚想其抑塞磊落之气。"1933年秋，周恩来在建宁时，偶然中看到了中共地下福建省委负责人陈金来在笔记上抄录的张元幹给胡邦衡的词，说："我们共产党人要好好学习这首词。学习张元幹锄奸靖国、抵抗侵略的精神。"又说："张元幹是你们福建人，我很为福建人骄傲。"

绍兴二十五年（1155）秦桧死后，张元幹才出狱，后在吴越一带漫游。曾到苏州，写下《水调歌头·癸酉虎丘中秋》，流露游子思归的心境。大约在绍兴二十六年（1156）前后，张元幹重到临安，羁寓西湖之滨，与旧友刘质夫相遇，又结识周德友、张孝祥等人。绍兴二十七年，挂杖登上吴兴垂虹桥，感慨万千，写下《水调歌头》词一首。这年夏天，又到浙江嘉兴。绍兴三十年，张元幹在临安，作《上平江陈侍郎》十首七言绝句，诗前有小序云："辛亥休官，忽忽二十九载，行年七十矣，日暮途远，恐惧失坠。"而他在《苏养直诗跋尾》中则说自己"华发苍颜，羁寓西湖之上"，不过身体"尚幸强健"。胡仔《苕溪渔隐丛话前集》（卷五十四）记道："余宣和间居泗上，于王周士处见张仲宗诗一卷，因借录之。后三十年，于钱塘与仲宗同馆谷，初方识之。余因戏谓仲宗曰：三十年前，已识公于诗卷中。仲宗请余举其诗，渠皆不能记，殆如隔世，反从余求之。"《苕溪渔隐丛话后集》（卷三十九）又云："余往岁在钱塘，与仲宗从游甚久。"可知张元幹晚年主要在江浙一带活动，最后于80岁左右客死异乡。

张元幹虽然出身于官宦世家，又长期为官，但却一生清贫，特别是靖康之变后，张元幹流落于镇江、杭州等地，其家产在南渡时的逃难途中损失较多，从而失去了生活的经济基础和积蓄。如建炎三年在避乱途中，就已经陷入贫困之中，其有《冬夜有怀柯田山人四首》诗记其事："客里了无况，乱来何止贫。淹留频换岁，老大更思亲。泥饮思田父，供粮乏故人。自怜归未得，不是白头新。"第二年甚至还有过绝粮的经历，张元幹曾作《绝粮五绝》，可惜已佚。其朋友葛胜仲有《次韵张仲宗元幹绝粮五绝》其五云："不悟宦游成左计，只今无米糁藜羹。"可以想见当时张元幹当时穷困之窘况。贫困的境遇长期得不到缓解。绍兴十年（1140），他在《庚申自赞》中又说道："行年五十矣，虽髭发粗黑，然田庐皆无。"此时距张元幹致仕归家已有十年，可他却仍然没能置上一份像样的家业，生活应该算不上优渥；而其在绍兴二十一年所作的《本命日醮词》中又提到："去国门仅周二纪，归故里殊乏一廛。未免口腹以累人，所望儿女之毕娶。"

张元幹一生的主要成就在文学，尤其是词的创作方面，他的《芦川归来集》十卷，有词三卷，计180余首。这些词作大多表现了他憎恨丑恶现实、厌倦官场倾轧而企求超然世外的感情。其中有的词以谈禅论佛寄托自己的不满和怨愤，流露出较浓的消极思想，还有些平庸的酬唱之作，这些都不必讳言。然而，《芦川词》的精华却是那十几首洋溢着民族激情的爱国词。正如后人所评：张元幹"长于悲愤"（毛晋《芦川词跋》），曹噩在《原序》中也说"其忧国爱君之心，愤世嫉邪之气，间寓于歌咏"。这些力透纸背的词作，表现了张元幹对国家民族的赤子之情，成为千古绝唱。诗人应是时代的喉舌。张元幹这十数首号角般的爱国词所传达的正是时代的呼声，它标志着南宋爱国词人的崛起，表现了张元幹词的高度艺术成就。

（谢彪）

郑 樵

郑樵（1104—1162），中国历史上著名的思想家、史学家、语言学家、文献学家、目录学家、博物学家。生于崇宁三年（1104）三月三十日，卒于绍兴三十二年（1162）三月七日。年五十九岁。字渔仲，号夹漈，自称溪西遗民，福建兴化军兴化县（今莆田市）人。他一生从事著书立说，所著《通志》与杜佑《通典》、马端临《文献通考》并称为"三通"，对后世的影响至为深远。郑樵一生不出仕，刻苦读书30年，立志读遍古今书，他和堂兄郑厚到处借书求读，毕生从事学术研究，在经学、礼乐之学、语言学、自然科学、文献学、史学等方面都取得了成就。

郑樵出生于书香门第。先祖汉代时曾聚居河南荥阳。他在《荥阳谱序》中说："吾祖自荥阳过江入闽，皆有源流。"唐时从福州、永泰迁徙到莆田。祖父郑宰，熙宁三年（1070）进士，父郑国器，为太学生。因此，郑樵从小便受到了良好的家庭教育和文化熏陶。显然，郑氏家族重视文化教育的家风为郑樵的成长和今后取得的巨大成就奠定了坚实的基础。

不幸的是，宣和元年（1119），郑樵的父亲郑国器从太学回家，在路上客死姑苏（今江苏苏州）。噩耗传来，年仅16岁的郑樵只好徒步到苏州，扶柩而归，并葬父亲于越王山。受到郑庄兄弟庐墓建书堂修儒学的影响，翌年，郑樵也在夹漈山兴建了三间茅屋，号"夹漈草堂"，在此刻苦读书。正是在此时，郑樵就把读书治学作为自己一生奋斗的目标，其在《献皇帝书》中说："臣本山林之人，入山之初，结茅之日，其心苦矣，其志远矣。"在立下读古人之书、通百家之学问远大志向的同时，更是决定此生拒绝参加科举考试。他随同学识渊博的堂兄郑厚刻苦攻读，决心著书立说。郑厚是一位学识渊博、思想解放、有独立见解的学者。他在学术上对传统观念的怀念、批判精神，对郑樵产生了深刻的影响。

靖康二年（1127），金兵攻陷汴京，金人掳走徽、钦二帝，北宋灭亡。金人于同年三月立张邦昌为傀儡皇帝。五月，赵构在南京（今河南商丘）称帝，重建赵宋王朝，史称南宋，改元建炎。国家兴亡，匹夫有责。立志治学的郑樵按捺不住心中的爱国热情，决心投笔从戎。"建炎初，时方多故，先生与弟慨然有捐躯殉国之志，福帅江公常称之。"一个普通的知识分子要想从军报效祖国，在当时也不是一件容易的事情。郑樵兄弟先后给宇文虚、江常写了两封信，期望二位能够给予郑氏兄弟施展才华、报效国家的机会。但由于得不到引荐，报国的愿望未能实现。报国无门的苦闷情绪在郑樵《建炎初秋不得北狩消息作》中表露无遗，诗云："昨夜西风到汉军，寒鸿不敢传殷勤。几山衰草连天见，何处悲笳异地闻。犬马有心虽许国，草茅无路可酬君。微臣一缕申胥泪，不落秦庭落暮云。"

不久，堂兄郑厚到泉州做官去了。郑樵孑然一身，继续在夹漈草堂埋头苦读,并从事著述。他在草堂先后完成了经旨、礼乐、方书、图谱等数百卷著作。绍兴十九年(1149),他选了一百四十卷,分别缮写成十八韵类,带到京城临安,要求进献朝廷,藏于秘府(国家图书馆)。献书后,郑樵满怀兴奋回到了家乡。随着名气的增大,从学的学生也越来越多,他写的文章,总是一写完就被拿去传诵。"贫居深山勤苦读,闹市官儿闻名来",许多达官显贵也纷纷来访,要举他为孝廉、遗逸,让他出来做官。但郑樵无动于衷,始终专志于著述。

绍兴二十七年,因侍讲王纶、贺允中的推荐,郑樵再到临安,接受高宗皇帝的召见,表示要效法司马迁并参考其所纂《史记》的体例而编撰《通志》,并面呈《通志》大纲。郑樵的满腹经纶和表现出的才华,得到了高宗的赏识和称赞,但高宗并未给予郑樵高官厚禄,只给他一个右迪功郎的小官,但郑樵却并未计较。在受到同僚的排挤和打压后,郑樵感到无比的愤怒,不久便辞官回家。无情的事实使得郑樵清醒地认识到,通过给皇帝献书以求得官职,进而帮助自己治学修史,也是困难重重。只好继续从事著述,终于完成了二百卷的《通志》。绍兴三十二年,高宗下诏,命以《通志》缴进,郑樵因积劳成疾,未能成行,于是年三月间与世长辞。郑樵的去世引起许多人的哀悼,其亲朋好友、学生也为之祭奠。"海内之士,知与不知,皆为痛惜。太学生三百人为文以祭。归正之人感先生之德,莫不惜哭之。"但最重要的是郑樵耗费毕生心血著成的《通志》一书，为自己树立了一座不朽的丰碑。

郑樵在堂兄郑厚去泉州做官后，便把其主要的精力用在深入系统研究天文地理和草木虫鱼。天文地理、草木鱼虫属自然科学，与当时主流的科举考试格格不入，根本无法受到其他学者的重视。郑樵把其大部分的精力用在观察天文地理、草木鱼虫上，表明他的远见卓识要远远超出一般的知识分子。更为可贵的是，郑樵能够把理论与他的实际观察结合起来获得自然科学的相关知识，并在实践中去检验这些知识的正确与否。他为了学习生物知识，亲自到田间地头向农夫们请教并观察动植物的生长情况。为了研究地理学，亲自实地进行考察。在游历名山大川时，不仅丰富了地理知识，更促进了对异地风俗人情的了解和热爱。他《夹漈草堂》中记述："堂后拖柴堂上烧，柴门终日似无聊。蓼虫不解知辛苦，松鹤何能慰寂寥。述作还惊心力尽，吟哦早觉鬓毛凋。布衣蔬食随天性，休讶巢由不见尧。"

郑樵无论是对自然科学天文地理、草木鱼虫的研究，还是对文献学、目录学等的研究都是建立在其丰富藏书的基础上的。郑樵喜游览名山大川，搜奇访古，遇藏书家，必读尽所藏。于礼乐、文字、天文、地理、虫鱼、草木、方术之学，皆有论述。他广搜博览，积累了丰富的资料。郑樵除了大量阅读自己的藏书以搜集资料外，还大量借阅他人的藏书，并且认真阅读。他还总结出一套访书的经验，《通志·校雠略》中说："求书之道有八：一曰即类以求，二曰旁类以求，三曰因地以求，四曰因家以求，五曰求之公，六曰求之私，七曰因人以求，八曰因代以求。"在《上宰相书》里，他说："三十年著书，十年搜访图书，竹头木屑之积，亦云多矣。将欲一旦而用之可也。"此外，在《重刻福建兴化县志·儒林传》中也有郑樵四处访书的记载，"莆中故家多书者，披览殆遍，犹以为未足，周游所至，遇有藏书之家，必留，读尽乃去。"

搜访图书对郑樵著述所起的作用极为重要。他先后完成了《书考》《书辨讹》《诗传》《诗辨妄》《春秋传》《春秋考》《诸经序》和《刊谬正俗跋》等八种有关经学著作。郑樵治学极严谨，要求著述要有创新，不可人云亦云，抄袭旧文等等。他在写每一部著作之前，首先就是广泛搜集资料，占有资料，利用一切机会出外游历访书，从书本中吸取养分，从实际中学习知识。他也非常重视各种碑文载记等出土、文物资料。他在《通志·金石略》序中说："方册者，古人之语言，款识者，古人之面貌，……今之方册所传者，已经数千万传之后，其去亲承之道远矣，惟有金石，所以垂不朽……"在《通志》总序中还说："盖金石之物，寒暑不变，以兹稽古，庶不失真。"

此外，他还主张著书要把理论与实践相结合，注重实地考察。他认为"大抵儒生多不识田野之物，农人又不识诗书之旨，二者无由参合，遂使鸟兽草木之学不传"。因此，他写《昆虫草木略》以实际经验校正谬误。他虽然结庐山中，却时时向农夫等了解各种实际情况。他还认为史官会写天文志，但不认得星象，而认得星象的史官又不会写天文志,在他看来,这就是理论和实际相脱离的结果。因此他在写《天文略》时,"尝尽求其书,不得其象,又尽求其图,不得其信"。而"一日得步天歌而诵之,时素秋无月,清天如水,长诵一句,凝目一星,不三数夜,一天星斗尽在胸中矣"。这种注重理论与实际相结合,是郑樵"核实"精神的集中体现,也是他治学科学精神体现。

他早年曾立下三个志愿:"欲读古人之书,欲通百家之学,欲讨六艺之文而为羽翼,如此一生则无遗恨。"为了实现这个宏愿,无论生活多么艰苦,郑樵都孜孜以求,刻苦读书,可以说他的一生都在追求学术。郑樵一生著述宏富,蔚为壮观,但流传下来的,却寥寥无几,只有一部《通志》是完整的,这不禁让人们感到扼腕叹息。完整保存下来的《通志》,不得不说这是史学界、文学界之一大幸事。

《通志》共二百卷,从三皇到隋代,凡《帝纪》十八卷,《皇后列传》二卷,《年谱》四卷,《略》五十一卷,《列传》一百二十五卷。不仅记载了古代社会的历史资料,而且涉及天文、地理、动物、植物、文学、音韵等学术领域,并研究了这些学科本身的发展过程。可以说它是一部百科全书性质的著作。全书的精华在于"二十略"。郑樵在《通志总序》中说:"臣今总天下之大学术而条其纲目,名曰略,凡二十略,百代之宪章,学者之能事,尽于此矣。"二十略是:一曰氏族,二曰六书,三曰七音,四曰天文,五曰地理,六曰都邑,七曰礼,八曰谥,九曰器服,十曰乐,十一曰职官,十二曰选举,十三曰刑法,十四曰食货,十五曰艺文,十六曰校雠,十七曰图谱,十八曰金石,十九曰灾祥,二十曰草木昆虫。

这二十略是郑樵学术精华之所在,全面地反映了郑樵的理论水平和学术上的高深造诣。他自己也对这二十略也是非常满意和感到骄傲的。他说:"总天下之学术而条其纲目,名之曰略,凡二十略。百代之宪章,学者之能事,尽于此矣。其五略,汉唐诸儒所得而闻;其十五略,汉唐诸儒所不得闻也。"他所指的五略为:礼、职官、选举、刑法、食货。而十五略则指:氏族、都邑、六书、七音、天文、地理、谥、器服、乐、校雠、艺文、图谱、金石、昆虫草木、灾祥。郑樵这样说难免会让人感觉有些过于自负和自大,但也不是毫无道理可言。郑樵所说的二十略不但涉及领域、范围之广,而且还丰富了历代史书中所缺失的文献内容。尤其是《校雠略》《艺文略》《图谱略》《金石略》,集中体现了郑樵的文献学思想。他要求会通文献等图书著作理论的解释,对当世学者仍有借鉴意义。

《通志》中的氏族、六书、七音、都邑和草木昆虫为旧史中所没有,为郑樵所独创。其余部分多节录前人著述。他的《通志》是继司马迁之后的又一部有影响力的通史。历代学者对郑樵和《通志》也赞誉有加。清代章学诚说:"郑氏通志,卓识名理,独见别裁,古人不能任其先声,后代不能出其规范,虽事实无殊旧录,而辨名正物,诸子之意寓于史裁,终为不朽之业矣。"章学诚的评价,道出了《通志》的成就和价值。特别在编纂学方面,《通志》有较高的成就。元马端临修的《文献通考》、清纪昀修的《续通志》和嵇璜修的《皇朝通志》，都是根据它的编纂体例、方法或吸取它的优点编成的。当然，《通志》在编纂上也有一些缺点，但毕竟瑕不掩瑜，后来有些人横加抨击，全盘否定，这是不公允的。整个说来，《通志》是我国古代文化遗产中的一份珍品，我们研究史学发展史和编纂学方面的学问时，必须充分重视《通志》这部书。

郑樵一生治学修史，始终如一，坚决不参加科举考试，即使想要通过向皇家献书以求得功名，但也仅仅是希望利用皇家藏书以完成私人修史的宏愿。他能广泛收集、借阅藏书并认真阅读，其渊博的知识为士子们所公认。最为重要的是，郑樵治学能够始终坚持把理论和实践相结合。在教学的过程中能够做到教学相长，并把自己无论是在阅读中和实践中所获得的知识上升为理论，更为难能可贵的是，郑樵在其一生的治学中始终充满着批判精神，这是他同时代的士子们所不具备的。

（杨冬冬）

朱 熹

朱熹（1130—1200），集理学之大成，是中国历史上著名的思想家、哲学家、教育家。他的学说不仅使得理学成为宋以后官方的意识形态，而且影响朝鲜、日本、越南等国，曾一度成为这些国家的官方哲学或占主流地位的意识形态，并得到他们的推崇和信奉。朱子学说的积极因素，在今天仍然具有现实意义。

朱熹小名沈郎，小字季延。后改字元晦、仲晦，号晦庵，别号紫阳，60岁后称晦翁，又号云谷老人、沧州病叟。祖籍徽州婺源松岩里（今江西婺源），建炎四年（1130）生于福建尤溪县城外毓秀峰下郑安道馆舍，这是朱熹一家的寄居之所。庆元六年（1200）卒于福建建阳，葬于建阳唐石里大林谷，年七十一岁。

朱熹的家世为"婺源著姓，以儒名家"。到其祖父、父亲时，家境已经衰落。祖父死时，因贫而不能归葬婺源。朱熹父亲去世后，家里生活孤苦，寓居崇安刘子翚家，虽寄人篱下，精神压抑，但可确保生活无忧，专心读书。后迁徙建阳考亭。19岁登进士第，历任福建同安县主簿、知江西南康军、任提举浙东常平茶盐公事、知漳州、知湖南潭州，还在宁宗时任侍讲秘阁修撰等职。朱熹为官关心民间疾苦，反对横征暴敛；遇到灾荒，就上书朝廷请求减免赋税并赈济灾民；他创立社仓法，以解农民青黄不接之困，使他们免受高利贷的剥削；他重视兴修水利，实施奖励生产的政策。此外，他还注意整顿吏治，认为奸吏豪民"嗜利无耻"，必须严厉打击。还反对土地兼并，主张丈量土地，以减轻贫困农民的负担。他这样做，虽然是从维护封建统治阶级的长远利益出发，但毕竟有利于社会的发展和人民的利益。

当时北方沦入金人之手，宋王朝偏安东南一隅。朱熹主张抗金，曾上书孝宗皇帝，批评议和，提出富国强兵的政策。而要抗击北方金人南侵，首要整顿朝廷纲纪，励精图治，这样才能为胜利抗金提供保障。

朱熹一生主要从事学术研究和讲学活动。他先后主讲白鹿洞书院、岳麓书院、紫阳书院，晚年居于建阳考亭，人称其学派为考亭学派。他"博极群书，自经史著述而外，凡夫诸子、佛、老、天文、地理之学无不涉猎而讲究"，经、史、子、集无所不通。在哲学、教育学多有创见，在史学、文学方面亦有所建树。朱熹的著作有《诗集传》《周易本义》《四书章句集注》《楚辞集注》等。其用力最多的是《四书章句集注》，他曾经多次修改，直到临终前三天还在修改《大学·诚意章》注。此书后来成为明清科举考试的标准。朱熹的著作，除了有单行本外，其余的语录和文章，经后人编辑为《朱子语类》和《朱子文集大全类编》。

朱熹是著名的哲学家，他创立了一元论客观唯心主义哲学体系，其中夹杂着朴素的唯物主义和辩证法。他认为宇宙间的本源是"理"，"理"具有神秘的创造性。他认为：

"理也者……生物之本也。……人物之生，必察此理。""理"具有主宰万物的性质，他说："所谓主宰者，即是理也。"他还认为："万物皆有此理，理皆同出一源，但所居之位不同，则其理之用不一，如为君须仁，为臣须敬，为子须孝，为父须慈。物物各具此理，而物物各异其用，然莫非一理之流行也。""理"只有一个，"理在物体上则可多可少。多少虽不同，但对于每个物体，则是所该有的理是都有了。""理"具有三纲五常至善的道德属性，他说："理者，……仁义礼智信皆有之。"总之，朱熹认为"理"是绝对的精神本体，而自然界以及整个人类社会则不过是这种"理"的表现而已。朱熹称"理"的总体为"太极"，说太极（理）动而生阳，静而生阴，阴阳相磨，产生出金、木、水、火、土五种元素，由此构成天地万物。这是唯心主义的本体论。

朱熹承认物质是由"气"所构成的。他说的"气"是物质性的东西，认为只有气"能凝结造作"。就具体物质而言，理、气是同时存在，并且是密切结合，不可分割的，"天下未有无理之气，亦未有无气之理"。但从本原上来说，朱熹认为"理"是生物之本，"气"是生物之具，天地万物生长，要有理，也要有气。但"理"是万物本原，而"气"则是构成万物的材料。理是第一性的，气是第二性的，理在先，气在后，气是从理生出来的。理与气的关系，理与气则以理为主。

朱熹的自然观以"理"为最高范畴，但他在自然观上也提出某些合理的因素。首先，他承认事物有客观的规律性，有物则有"理"，这个理，显然是指事物的客观规律。其次，他提出"万理俱实""理寓于气""理在事中"，否认佛、道的绝对的"空"和"无"，认为理并非是"空""无"，而是"理在事中"，是真实存在的，"道理"是不能离开具体事物而独立存在的，因此，人们只能从具体事物上去"理会"那"道理"，如从航船行车中去"理会"舟车之理。第三，他认为宇宙以及人和万物都是气化产生的。朱熹说："天地初间，只是阴阳之气，这一个气运行，磨来磨去，磨得急了，便拶许多渣滓，里面无处出，便结成个地在中央。气之清者便为天、为日月、为星辰，只在外常周环运转。"上述观点含有合理的因素。朱熹哲学的根本在于维护封建专制制度，用"理"去论证封建纲常的合理性，因此，他在方法论上有许多形而上学的说教。他认为总天地万物之理的太极是不变的，"天理"是不变的。朱熹说："天下有万世不易之常理"，"三纲五常亘古亘今不可易"。还认为，事物的发展乃是"终而复始，始复有终，又未尝有顷刻之或停也"的循环过程，这是循环论的形而上学。

但朱熹还看到事物的矛盾和运动变化，因此，在他的哲学中还包含着辩证法思想：第一，他提出了"一分为二"，肯定事物矛盾的普遍性。认为"理是一分为二，节节如此，以至于无穷，皆是一生两尔"。矛盾是普遍的，"天地万物之理，无独必有对，皆是自然而然，非有安排也"，"譬如阴阳，阴中有阳，阳中有阴"，这表明他把"一分为二"看作是事物发展普遍规律。第二,肯定了事物的发展变化,研究了变化的状态和原因。他认为,从阴阳二气到天地万物都处在不断运动变化之中。他说:"一元之气运转流通,略无停间,只是生出许多万物而已。"还认为事物的变化发展有"渐变"和"骤变"的两种状态。他说:"变、化二者不同,化是渐化,……变是顿断。"在他看来,"化"是指"渐渐消化"的量变;"变"是指"顿断有可见处"的质变,而事物变化发展的原因在于事物内部有"两"。朱熹说:"凡天下之事,一不能化,惟两而后能化,且如一阴一阳始能化生万物。"朱熹的这些观点是对我国古代朴素辩证法思想的继承和发展。

在认识论上,朱熹的基本观点是唯心主义先验论,但也有不少唯物主义的因素。朱熹认识论的基本命题是"格物致知"。认为:"人心之灵莫不有知,而天下之物莫不有理。"要致知,需格物。"格,尽也。须是穷尽事物之理。""物,犹事也。"朱熹认为格物的范围是很广泛的,"上而无极太极,下而至于一草、一木、一昆虫之微,亦各有理。……一物不格,则阙了一物道理,须著逐一件与他理会过。"格物的重点应该放在"穷天理,明人伦,讲圣言,通世故"这些封建道德原则上。因此他说:"格物是穷得这事当如此,那事当如彼,如为人君便当止于仁,为人臣便当止于敬。""致知者,推致其知以至于极耳。""致,推极也,知,犹识也。推极吾之知识欲其所知无不尽也。"朱熹的格物致知主要是认识先验的"天理",同时也包括认识具体事物的规律，认为只有与外在事物的接触中才能获得对于事物之理的认识，主张普遍地接触和观察周围的世界而去懂得"道理"，反对关门独坐，苦思冥想，只讲"一个'悟'字"的认识方法，认为"学问无此法"。这种反对空谈，主张"务实"的学风，是值得肯定的。

朱熹还认为格物致知的关键是居敬。他说："圣贤千言万语，大事小事，莫不本于敬，收拾得自家精神在此，方看得道理尽。"居敬就是无事时敬在心上，有事时敬在事上。无事时敬在心上，是集中注意力，使心不受外界物质的引诱；有事时敬在事上，是使处理问题合于封建道德标准。只有这样，才能领悟到先验的"天理"。

朱熹还认为格物致知离不开力行。他说："义理不明，如何践履？"只有先明了义理，才能做出合乎义理的事。但是，只有去"行"，才算真知，而且"行"能使"知之益明"。只有践行封建道德，才能深刻领悟"天理"。他的这些观点虽然还是唯心主义的先验论，但他提倡的"行为重""知行相须"，显然有其合理性，至少可以启发人们注意"行"在认识中的重要性，以及知和行的密切关系。

在伦理学方面，他认为"理"体现在人身上就叫作性，每个人都既具有天命之性又具有气质之性。他说："论天命之性，则专指理言，论气质之性，则以理与气杂而言之。"天命之性专指理而言。理是完美无缺的，它体现到人性也应当是完美无缺的。但实际上并不是所有的人都能做到仁义礼智，这是因为人的气质之性有差别，各个人禀受的气有清浊昏明的差别，所以气质之性有善有恶，"察气之清者，为圣为贤"，"察气之浊者，为愚为不肖"。气质之性好的人能够做到仁义礼智；而气质之性不好的人则做不到。但因为他们都有天命之性，即都有十分完善的封建道德品质，所以气质之性是可以改变的，"善反之，则天命之性存焉"。不遵守封建道德的人，可以改变为遵守封建道德的人，如宝珠落在浊水中染污，拭去其污水，宝珠就恢复本来的面目。朱熹认为多数人的气质之性不好，因此必须从理论上接受道德的教化。

朱熹还从人性论出发，对"道心""人心"进行了分析，进而提出"存天理，灭人欲"的道德说教。朱熹认为与天命之性相对应的就是"道心"，与气质之性相对应的就是"人心"。所谓道心就是指封建的道德观念，所谓人心就是指人的生理要求。道心是从天命之性出发的，就是天理，是至善。人心是从气质之性出发的，而气质之性有善有不善，所以人心也可善可不善。道心就是符合于封建道德的心。而人心里面合于天理的就复归于道心，这就是善，违背天理的叫人欲，这就是恶。换句话说，所谓人欲就是违背封建道德标准的思想和行为。朱熹认为气质之性不好的人，往往都有违背天理的人欲，因此要对之进行封建道德教育，使他们"存天理，灭人欲"，成为自觉遵守封建道德的人。在当时情况下，朱熹的上述说教，一方面钳制人民的思想，另一方面也压抑大官僚地主的胡作非为，对于整顿腐败的社会风俗起一定的作用。

朱熹是我国封建时代著名的教育实践家和教育理论家。他非常重视教育，始终未停止过对弟子门人的教授。他极重视建设学堂，而且在公务之余亲自讲学。并从其哲学理论出发，认为人人都需要受教育，人人都有穷理尽性的天职，人人当以圣贤为己任，以学问为己分内事。学问是自家合做的，不知学问则欠缺了自家，知学问方无所欠缺。朱熹就是要人们"正心克己"，"存天理，灭人欲"，死心塌地服从封建礼教。朱熹的教育实践和目的，就是为封建统治阶级服务。朱熹的教育实践有着积极的一面。他采用启发式的教学方法，而非填鸭式。他说："某些间讲说时少，践履时多，事事都用你自己去理会，自去体察，自去涵养。书用自己去读，道理用你去研索，某只是做得个引路的人，做得个证明人，有疑难处同商量而已。"朱熹还认为自觉学习非常重要，在学习过程中要重视实践，而教师只是学习过程中的引路人，尤其是在学术问题上，教师要平等对待学生，相互之间进行讨论、相互启发。毫无疑问，在封建等级森严的年代，朱熹提出这样的教学观点，并且能在教学实践中加以贯彻，这是十分难能可贵的。

朱熹在生活上能与学生同甘共苦，"诸生自远而至者，豆饭藜羹，率与之共"，"闲暇时，与其门生弟子挟书而诵，取古诗三百篇及楚人之词，哦而歌之，得酒啸咏"，师生关系很融洽。此外，朱熹还教导学生做学问时要立志。他说："然所谓立志者，必当勇猛精进不断，学乃有成。"立定志向，就有一种精神的鼓舞作用，精神一到何事不成。

朱熹要求学生读书要有个人的心得和见解。他说："读书之法识得大义，得他滋味。没要紧处，纵理会得也无益。"他还要求学生阅读各种不同见解的学术著作，借以互相比较，鉴别是非，从而开阔自己的思路。他说："凡看文字，诸家说异同处最可观。某旧日看文字，专看异同处，如谢上蔡之说如彼，杨龟山之说如此，何者为得，何者为失，所以为得者如何，所以为失者是如何。"有比较才能有鉴别，才能判断是非得失，这确实是个行之有效的方法。他还要求学生读书时不要预先设立立场，不存偏见，或因人废言，善于从各方而认真地吸取各家所长，以避所短，这样才能博采众家。

朱熹还教导人读书要以实用为主。他认为做学问不是为了向别人炫耀，而是要切实有益于己，那才是高贵。为学须是切实为己，则安静笃实，承载着许多道理，得到入道之门，将自家身子入那道理中去，渐渐相亲，久之与己为一。学贵体之于身，验之于事，始不为徒读书。

朱熹认为做学问要循序渐进，要打好基础。他特别强调小学教育。他说："教育之事，小学尤要，盖蒙养以正，则此后之成材可冀也。"学习要由浅入深，小学要多讲传记之类的东西，要学习具体的事物，然后进入大学，学习做事、做人的道理。朱熹教人读书要精熟，默识其文句，学习其中的道理，而竭力反对"贪多嚼不烂"。熟读精思，要多生疑问，反复思考，才能精进。

（杨冬冬）

严 羽

严羽（约1192—约1245），字丹丘，一字仪卿，邵武人，自号"沧浪逋客"，生卒年不详。是中国古代最杰出的文艺理论家之一，在中国文学思想史上产生过重要影响。严羽为福建邵武严坊人。其先祖世代居住华阴，唐末五代时迁徙入闽，择居沧浪溪边，至严羽时，数代有诗名。他一生主要活动于宋宁宗、理宗两朝，"少小尚奇节，无意缚圭组"，拒绝科举，修炼文武，好研纵横之策，终生不肯出仕。

严羽22岁时，离开家乡，投入包扬门下学习，与包扬子包恢关系极为密切，心学、理学和诗学皆有所通。与同族严参（一作粲，字少鲁）、严仁（字次山），皆有诗名，号为"三严"。隐居期间，除写诗外，被人传为美谈的，是他与戴复古的友谊。旧邵武东城上有"诗话楼"，原名"望江楼"，又叫"三滴水楼"，就是当年严羽经常与戴复古论诗的地方。

戴复古生于乾道三年（1167），为南宋著名的江湖派诗人之一。他长期浪迹江湖，于绍定五年（1232）来福建任邵武军教授，与严羽为代表的邵武青年才俊来往密切，并与严羽、李友山等结下深厚友谊。戴复古对严羽的人品、学问、诗作均给予较高的评价，甚至还将身后整理诗稿之事托付二严，可见他们相知之深。据说戴复古在邵武时，恰逢严羽与郡守王子友论诗意见不合,戴氏作十首绝句为他们调解,其中有:"飘零忧国杜陵老,感遇伤时陈子昂。近日不闻秋鹤唳,乱蝉无数噪斜阳。"可见,严羽的诗作在当时已为人所推重。

南宋后期,政治愈加腐败,人民生活极端贫困,到处爆发起义。宋理宗时,福建有陈三枪、晏彪起义。晏彪(一作"晏梦彪")于绍定三年在汀州(今福建长汀)起义,北上攻克建宁、泰宁、邵武军;向南发展到泉州、兴化军一带。严羽大概是在这支起义军攻克邵武时,避乱离开家乡的。从此,他就长年在江楚一带漫游。他漫游的范围很广,在江西的时间最多,足迹遍及南昌、九江、吉安、临川、南康等地,他乘船溯江而上,到过长沙、汉阳;还到过江苏南面的吴江和北面的镇江、瓜州,他去过都城临安,观赏过名闻天下的钱塘潮。所到之处,皆有诗以志之。他暮年仍未回乡,而且生活也很穷困:"天涯十载无穷恨,老泪灯前语罢垂。""穷老嗟身拙,狂歌畏酒醒。此生何定着,江汉一浮萍。"他久别家乡,对家中情况一无所知:"路逢故里亲,挥泣问我乡。妻子离别久,不知今存亡。"因而无时不在思念着自己的家乡和骨肉兄弟:"年衰愁作客,秋近苦思家","一身避乱辞乡国,千里相思隔弟兄"。久客他乡,风雨飘零,他死于何时何地,今天已经不得而知了。

纵观严羽一生,尽管早期退隐,晚期浪游,然而他从未忘怀国事和人民,他对当时发生的一些重大事件都态度鲜明地提出自己的看法。

宋、金长期对立，双方国势渐渐衰弱。从当时宋、金形势看，宋比金更弱，而外戚韩侂胄为了捞取政治资本，立功自固，于开禧二年（1206）在准备不充分的情况下，对金仓促用兵，以致大败。对此严羽在作品中表示愤慨："王师北伐何仓卒，六郡丁男亳州骨。……偏裨入救嗟已晚，万国此恨何时终。"这与辛弃疾的"元嘉草草，封狼居胥，赢得仓皇北顾"的政治主张不谋而合。南宋后期，除宋、金对峙外，蒙古日益壮大，成为宋、金最大的威胁。蒙古采取联合宋王朝攻金的策略，金国在宋、元夹攻下，于1234年宣告灭亡。但蒙古随即连年派兵进攻南宋，江淮等地人民又遭涂炭。严羽在《有感六首》中写道："误喜残胡灭，那知患更长。黄云新战路，白骨旧沙场。巴蜀连年哭，江淮几郡疮。襄阳根本地，回首一悲伤"，"王师曾北伐，胡马尚南侵。谋国知谁计，和亲岂圣心"，流露出忧国忧民的感情。

严羽留下的巨大遗产是他的《沧浪诗话》。这部与钟嵘《诗品》、司空图《二十四诗品》并称为中国文学史上最为重要的诗歌理论专著，受到了后人的重视。据郭绍虞先生考证，《沧浪诗话》成书较早，可能在绍定元年至六年（1228—1233）以前，至迟在淳祐元年至淳祐十二年（1241—1252）以前。宋诗受理学和江西诗派的影响，存在议论化、散文化和讲究用典等弊病，严羽在《诗话》中，针对宋诗的弊病，反对宋诗的散文化、议论化，反对掉书袋。认为"近代诸公乃作寄特解会，遂以文字为诗，以才学为诗，以议论为诗，夫岂不工，终非古人之诗也"。他对苏轼、黄庭坚和江西诗派都表示不满。严羽论诗，重视诗歌的艺术特点，提出"别材""别趣"说。他把"兴趣"作为诗歌创作与批评的最基本范畴。严羽还以禅喻诗，认为学诗如参禅，并用"妙悟"概括诗歌创作的基本规律。他标举唐诗，特别把盛唐诗歌作为学习的楷模。《沧浪诗话》着重探讨了诗歌的艺术特点、风格、形象性和形象思维问题，成为元、明直至清初三百余年来诗歌创作理论中的一个重要指向，影响是巨大的。

严羽自己的诗歌创作正是其理论的实践。由于半生漂泊，诗稿散失甚多，今存《沧浪吟》中仅一百余首。这些诗不发议论、不用典，风格清新自然，基本上描绘出诗人的行踪、思想轮廓及其所处时代的风貌。在江西诗派风靡一时的南宋文坛上，有其独创性的一面。

（杨冬冬）

刘克庄

刘克庄（1187—1269），初名灼，字潜夫，号后村，为宋兴化军莆田县人。生于宋孝宗淳熙十四年（1187）七月二十九日，卒于宋度宗咸淳五年（1269）正月二十九日，享寿83岁。官至修史、侍读、权工部尚书，进龙图阁学士，积阶正议大夫，封莆田县开国伯，食邑900户。作为南宋福建文学领域卓越成就的人物，有《后村先生大全集》196卷传世。《宋史》无传，其事迹主要保存在林希逸《后村先生刘公行状》与洪天锡《后村先生墓志铭》中。

刘克庄"幼颖异，出语惊人，书过目辄成诵，为文未尝起草，弱冠以词赋魁"。宋宁宗嘉定二年（1209），以郊恩奏补将仕郎，应友人洪天锡之请，更名"克庄"，同年娶福清林瑑之女林节。翌年，刘克庄初仕靖安县主簿，是时又被袁燮延入幕中，委以文字之职。

嘉定六年，其父病逝，刘克庄丁父忧守制乡里。嘉定八年终制除服，为怀安尉，任福州右理曹，隔年改任真州（今江苏仪征）录事参军。嘉定十年，做过江淮制置使李珏一小段时间的幕僚。嘉定十二年，逢金兵围攻滁州，滁州虽围解，仍受到幕划失宜的非议，故于同年自请奉祠南岳祠，回到莆田乡居。胡槻任广西经略安抚使，刘克庄在乡居两年后，受胡槻之邀前往八桂，任其幕僚。也正是在这两年中，后村专力攻诗，多有酬唱，据说得诗三百，诗几成集。嘉定十五年，也正是在其36岁时，所著《南岳稿》初出，即得到当时名宿前辈赵汝谈、真德秀、叶适等人的称赏，由是诗文名大著。

宝庆元年（1225），刘克庄被举荐起用为建阳令，并师事真德秀。这一时期乃戒诗癖，专习为吏，书有"聊为尔民留饭碗；岂无来者续心灯"一联挂于门上，做到了庭无留讼，《行状》称其"为麾为节，剖决如神，处事倅倅有方略"。同时还翻新了朱熹祠，增加赈粜仓库二千斛，并定义役之法而实行之，民人称便，郑清之称其吏才为文名所掩。也在这一年，其《南岳稿》收入陈起刊印的《江湖集》，其中的《落梅》诗有"东风谬掌花权柄，却忌孤高不主张"之句，这成为其后来遭受监察御史李知孝、梁成大等人弹劾，被诬以谤讪时政罪名的缘由，后幸得郑清之在朝为之辩护，才免遭遣，这也就是刘克庄常以之自比苏轼"乌台诗案"的"梅花诗案（江湖诗祸）"。

绍定元年（1228）秋，秩满归里，其妻林节卒，年三十九。这一年真德秀编选《文章正宗》，刘克庄负责诗选，不过其诗论意见与真德秀不尽相同。绍定二年原拟任潮州通判，因赵至道诬陷其嘲咏谤讪，改主仙都观。绍定六年起任为吉州通判，未及任，即于端平元年（1234）春，受旨赴都堂审察。同年九月，应诏入朝，除宗正主簿，真德秀闻知后喜曰"方是本色"，因其长于史学，此任刚好是用起所长，人尽其才。在同月奏对中，刘克庄劝奏理宗慎始善终，要常忧勤于边患，择选将帅，筹边防财用之计。

端平二年五月，真德秀去世，刘克庄上请朝假赴丧，不许。六月，擢任枢密院编修官，兼权侍右郎官。这一年，他在《轮对札子》中向理宗提出："服天下莫若公，今也失之私；镇天下莫若重，今也失之轻。"力谏理宗要重君子而斥小人，杜绝党人干政，又说到"陛下疑君子之无效，意小人之有才。独不思宣、靖之祸……此陛下之商鉴也。"凡此诸事，皆为时人所不敢言，同朝诸公魏了翁、赵汝谈、吴泳等听后皆击节不已。

隔年，被吴昌裔上疏论罢，免职主管玉局观，郑清之以书相慰。旋起知漳州，未赴任，即于嘉熙元年（1237）春改知袁州，任期虽然只有数月，却政绩突出，颇有政声，"公在郡，一以崇风化、肃纪纲、访故家、礼名贤为先务，因宽得众，郡以最闻"。不想又被御史蒋岘所劾，诬称鼓煽异论，与方大琮、王迈两人被同日罢官，解任归主云台观。嘉熙三年，李宗勉拜左相。是年九月，刘克庄擢升江西提举，十月改任广东提举。翌年八月，旋升广东转运使。在粤两年中，宽征节用，另买田二百亩，以赡仕于南而以丧归者，南人刻石纪之。

李宗勉卒，故又免职，自淳祐元年至二年（1241—1242）主管崇禧观。淳祐三年元日，除侍右郎官，又以濮斗南疏罢，仍主管崇禧观。淳祐四年秋，除江东提刑，任内访求民瘼，救穷劾贪，断狱洗冤，公论称快，人称良吏。是年十一月除将作监，十二月又改直华文阁，为范钟所忌，阻其入朝，故又留任江东提刑。淳祐五年补借信州，以吏才服人。

淳祐六年，即其60岁之时，一年中屡受拔擢。四月令赴行在，道中除太府少卿。八月入对理宗，首言委任之失，又言谋谟之误，三言江东使者以恤贫民处流民为最急。理宗以其"文名久著，史学尤精"，特赐同进士出身，除秘书少监，兼国史院编修官，实录院检讨官，旋即又除御史兼崇政殿说书。十月，又除中书舍人，在职70多天里，草外制70道，"学士大夫争相传诵，以为前无古人"。十二月进故事，论秦桧误国之鉴，要理宗吸取历史教训。又参劾史嵩之，极言直谏，其气节颇为时人所重。不日刘克庄亦遭侍御史章琰疏劾，称其贪荣去亲，卖直欺君，遂罢官归里。

淳祐七年（1247）二月，除直宝文阁知漳州，旋除直龙图阁，主明道宫。淳祐八年元日，除宗正少卿。五月又除秘阁修撰、福建提刑。是年丁母忧去职。淳祐十年十二月除秘书监，以禫制未终，辞不赴任。淳祐十一年四月，再次奉召入朝，以秘书监兼太常少卿，直学士院。不日又兼任崇政殿说书、史馆同修撰、起居舍人、侍讲等职。十年闰十月，为监察御史郑发弹劾，并重提"梅花诗案"以激怒理宗，此时正值圣眷犹隆，未能得逞，御笔除职与郡，将归时，还求得理宗宸翰"后村""樗庵"四大字，匾其乡中居所及山间精舍。淳祐十二年正月，除右文殿修撰、知建宁府，旋兼福建转运副使，郑发愤其前疏未能获准，故又再论褫职，寝其新命。是年至开庆元年（1259），一直任提举明道宫。

景定元年（1260），刘克庄再次奉召入朝，除秘书监、起居郎、中书舍人，并面对二札，奏称凶相弄权，贪吏不可不除，所奏外边防而内吏政，皆着眼于政治清肃与国家存亡。理宗赞其"爱君忧国，至老不衰"。不久即除权兵部侍郎兼中书舍人兼直学士院，兼史馆同修撰。景定二年，屡为理宗进故事。也在这年，刘克庄还以古赋一卷、古律诗十一卷、记二卷、序二卷、题跋六卷、诗话四卷，共二十六卷奏进，翌日理宗赐书褒奖，时人以为希阔之遇。景定三年，除工部尚书，升兼侍读，当其时，刘克庄身兼内外两制，夜以继日，论事不休，涉及甚广，且又言无不尽。如水旱之情、和籴之害、拯饥之弊皆有奏疏。因其言剀切，深得帝心，特除宝章阁学士知建宁府，御赐玉柄宝箑，宸制五言书其上，以金缬香茶侑之。八月八日，作《贺新郎·傅相生日壬戌》为贾似道祝寿，此后数年皆如此，因贾似道后来身败名裂，这也成为后人对刘克庄进行非议的地方，认为其气节有亏。然而从其所处时代及经历上，实不能将刘克庄划入贾似道党羽之列，因其并未有依附贾似道乱政的表现，如仅就写过某些过当的谀词，就否定其一生的功业与气节，是有失公允的。九月，得以告老还乡，与友朋悠游觞咏。景定四年秋，又受封莆田县开国子，加食邑三百户。景定五年春失足跌伤，入秋又左眼赤痛，遂成偏盲，以除焕章阁学士守本宫致仕。

咸淳三年（1267）重阳右眼又盲，遂失明。晋封莆田县开国伯，加食邑三百户。咸淳四年五月，特除龙图阁学士。咸淳五年正月二十九日，以疾卒于延寿村家里，享年

83岁。刘克庄在临终前，曾嘱托林希逸代上遗表，奏表上，赠银青光禄大夫。洪天锡为之请谥，谥文定。十二月十九日，刘克庄葬于莆田城北徐潭之原，即今延寿村马坑山，据近年考古人员的调查勘探，刘克庄墓的现存情况较差，现场仅余有一块石翁仲的底座，除残存的石底座外，地表仅见一条坑道，为刘克庄墓神道所在，呈西北东南走向，长约80米，宽约8.5米，深约1.5米。经过钻探，考古人员推测墓室主体已被破坏。

据《行状》所载："莆之士大夫皆挥泪以相吊，有方敛而往枕尸以哭者，有既殡而往拊棺以哭者，莫不尽哀。又数日，则泉南之南、闽北之北，吊唁往来，交驰于道。又数月，则四方交旧与凡得铭、得序、得跋、得诗之友，不远千百里而来，力不能来，亦以书至，盖不知其几，皆曰：斯文无所宗主矣！吾侪无所质正矣！后进无所定价矣！"由此可见刘克庄在时人心目中的影响力，亦可知后村作为当时文坛领袖的崇高地位。

刘克庄作为南宋著名诗人，学问渊博，又学有定力，很早就负有诗名，真德秀、叶适等前辈颇多揄扬，且得同时之江湖诗人的推崇，以为宗师，其诗亦主盟晚宋诗坛，有言曰"渡江初，诚斋、放翁、后村号三大家数"。其诗早期学自永嘉四灵（徐照、徐玑、翁卷、赵师秀），后不满四灵诗的"胶挛浅易，僻局才思"，故转习古体，再而"由放翁入，后喜诚斋，又兼取东都、南渡江西诸老"，此后，又将稼轩词的风格融入诗中，最终形成自家面目，自为一宗。

刘克庄在进行创作时,亦将当时的时代现实融入诗词中,常有为民请命,反映生民疾苦的诗歌,如:"陌上行人甲在身,营中少妇泪痕新。边城柳色连天碧,何必家山始有春?"当时的江湖士友及后进士子常常是持卷登门,以求一语之品题与印证者不一而足。

此外,刘克庄在词学成就上也颇高,其词风近稼轩一派,豪放慷慨中颇寓忠爱之思。其词自有一股悲壮激烈之气,例如《满江红》:"金甲雕戈,记当日辕门初立。磨盾鼻一挥千纸,龙蛇犹湿。铁马晓嘶营壁冷,楼船夜渡风涛急。有谁怜猿臂故将军,无功级? 平戎策,从军什。零落尽,慵收拾。把茶经香传,时时温习。生怕客谈榆塞事,且教儿诵《花间集》。叹臣之壮也不如人,今何及?"《善本书室藏书志》在提到《后村诗余》时称:"克庄学问颇赅博,文亦尚守旧格,不为江湖末派所囿。词则思矫然自异,力洗铅华,大致效辛稼轩而逊其魄力。虽颇纵横排奡而一泻无余,故张叔夏讥其真致近俗,然亦时有合作,掇其精英,未尝不可以药浮艳。"

相较于诗词来说,刘克庄的四六文及散文颇受时人与后人的激赏。《四库提要·后村集提要》称:"文体雅洁,较胜其诗,题跋诸篇,尤为独擅。盖南宋末年,江湖一派盛行,诗则汨于时趋,文则未失旧格也。"此外,刘克庄还精史学,通书画,惜其墨迹流传于后世者无多。

就刘克庄的一生来说,早岁奔走于江湖,晚年则仕宦显达,其交游仕宦的经历也直接影响并融入到其文学创作中。刘克庄作为南宋后期的文坛领袖、一代文宗，其在南宋文学史上的成就，亦如林希逸在为其文集所作序文中写到的："文不主一家而兼备众体，摹写之笔工妙，援据之论精详。其错综也严，其兴寄也远。或春容而多态，或峭拔以为奇。融贯古今，自入炉鞴，有《谷梁》之洁，而寓《离骚》之幽；有相如之丽，而得退之之正。霜明玉莹，虎跃龙骧，闳肆瑰奇，超迈特立。千载而下，必与欧、梅六子并行，当为中兴一大家数也。"

（林瀚）

谢 翱

谢翱（1249—1295），字皋羽，一字皋父，号宋累，晚号晞发子，祖籍长溪县穆阳里樟南坂（今福建福安），后徙居浦城观前。生于宋理宗淳祐九年（1249），卒于元成宗元贞元年（1295）八月十日，年47岁，私谥乐耕。《福安县志》《福宁府志》《大清一统志》均有传，具体事迹见于方凤所撰《谢君皋羽行状》以及吴谦的《谢君皋羽圹志》。谢翱作为南宋末年著名的爱国诗人与抗元志士，志行高洁峻伟，倜傥有大节，与谢枋得并列，号称"南宋二谢"。谢翱诗文俱工，气节千古，在南宋遗民中又卓然翘楚，影响颇大，《四库全书总目提要》对其有较高的评价："南宋之末，文体卑弱，独谢翱诗文桀骜有奇气，而节概亦卓然可观。"

南宋淳祐九年，谢翱出生于一个书香世家。其父谢钥精于《春秋》《左传》之学，著有《春秋衍义》十卷、《左氏辨证》六卷。谢翱幼时在此氛围中成长，多受其父影响，好读古书，苦思力索，淹贯诸经史，其中尤于《左传》用力颇深，所作文章"必欲中古人绳墨乃已"。

宋度宗咸淳元年（1265），谢翱随父访严陵、登钓台，并赴临安参加科举考试，惜未考中进士。其于落第后又稽留临安一段时日，目睹南宋朝廷偏安东南，不思恢复故土，因念宋太祖、太宗削平诸国的赫赫武功，有感而作《宋祖铙歌鼓吹曲》十二篇与《宋骑吹曲》十篇，希图唤起人们的斗志。据任士林所做《谢翱传》载:"翱试进士,不中。慨然以古人倡,作《宋祖铙歌鼓吹曲》《骑吹曲》,上太常,乐工习之,人至今传其词。"元代文学家吴莱盛赞其诗曰:"文句炫煌,音韵雄壮,如使人亲在短箫鼓吹间,期亦足以尽孤臣孽子之心已。"咸淳四年,谢翱离开临安,游历于漳州、泉州等地。

宋恭宗德祐二年(1276)正月,元兵攻陷临安,宋室飘摇。五月,年幼的益王赵昰在福州林浦被陆秀夫、张世杰、文天祥等人拥立为帝,是为宋端宗,并改元景炎。七月,右丞相文天祥改任枢密使同都督诸路兵马,传檄全国各州郡举兵勤王,并定于七月十三日至南剑州聚兵。谢翱闻知后毁家纾国难,倾尽家赀,募得乡兵数百人,赴南剑州投奔于文天祥帐下,被文天祥任命为谘事参军。

景炎二年(1277),元兵由浙入闽,谢翱跟随文天祥抗击元军,转战于闽西龙岩、粤东梅州、赣南会昌等地。当交战于雩都时传来捷报,史称"号令通于江淮,一时军威大振"。惜在随后又节节败退,自吉州退永丰,自永丰再退空坑,随着战争局势失利,谢翱与文天祥相别于漳水之滨,文天祥收残兵奔走循州。祥兴元年(1278)十一月,文天祥移兵潮阳,十二月又移驻海丰,是月遭元军突袭,宋军兵败,文天祥被执于五坡岭。谢翱则逸归潮阳,隐入民间。在勤王兵败后,谢翱写下了《结客行》一诗:"结客卫京师,弃家南斗陲。相看各意气,欲取辽阳归。事左脱身去,岂为无所为?家藏楚王子,手执王陵儿。泣奉先主令,白旗向天挥。鞭尸仇必报，函首捷终迟。力尽志不遂，以死谢渐离。"此诗读来慷慨悲歌，且又充满以死报国的壮志豪情。

　　元至元十六年（1279），为避开元兵的侦缉，谢翱自广东潮阳潜回福建浦城，随后又辗转进入浙江。据《行状》所记："（谢翱）避地浙水东，留永嘉、括苍四年，往来鄞、越复五年。戊子夏至婺，遂西至睦及杭。"是以自元至元十六年到至元三十一年（1294）间，谢翱行踪集中于江浙境内，在其生命最后的十余年中，只影行游于江浙山水间，走访遗民故友，参与组织"月泉吟社"和"汐社"，并在砥砺唱和中常怀故国之思，正如明人储巏在《晞发集引》中点出的："硕儒豪杰之士、穷处于家者，耻沦异姓，以毁冠裂裳为惧，则相率避匿山谷间，服宋衣冠以终其身。"此外，谢翱还参与掩埋宋帝骸骨，多次望北哭祭文天祥，坚守着民族气节。

　　在永嘉、括苍的四年中，逢宋室新亡，谢翱常常徘徊漫游于雁山、鼎湖之间，以排解心中愤懑。其所作《过杭州故宫》二首，其一曰："禾黍何人为守阍，落花台殿暗销魂。朝元阁下归来燕，不见前头鹦鹉言。"其二曰："紫云楼阁宴流霞，今日凄凉佛子家。残照下山花雾散，万年枝上挂袈裟。"《重过二首》，其二曰："隔江风雨动诸陵，无主园池草自春。闻说就中谁最泣，女冠犹有旧宫人。"笔底流露出离黍之悲，家国破碎之感顿涌心头。史载："宋亡，文山就义，谢翱悲不自禁，漂泊流离行勾越，每逢山川池榭,云岚草木,凡遇与旧时故国家园相似之处,则徘徊顾盼,留恋忘返,唏嘘流涕,悲不敢泣。"当闻知文天祥以死殉国时,谢翱悲不能禁,时正游于姑苏,即望夫差台哭拜文天祥。

谢翱在往来鄞、越的五年时间里,其游踪所至则包括雁山、鼎湖、蛟门、候涛、沃州、天姥、野霞、碧鸡、四明、金华诸名胜地。当其时,端明殿学士王克谦之子会稽王修竹延致四方游士,赋咏相娱,谢翱往依之。明胡翰所作传中便提到:"间行抵勾越,勾越多阀阅故大族,而王监簿诸人方延致游士,日以赋咏相娱乐。翱时出所长,诸公见者皆自以为不及。"也正是在这一段时间里,谢翱与王修竹、林景熙、郑朴翁等人组织了"汐社",所谓"汐社"之名,乃取自于潮水去而复返之意,谓"期晚而信,盖取诸潮汐。"其实就是通过以文会友的形式,联合士子文人、遗民故老,希望能就此形成一股抗元复宋的"暗潮"力量。

至元二十一年(1284)九月丙申,江南总摄杨琏真迦发会稽境内的宋陵,以所收金银宝器修天衣寺。谢翱闻知后,"尝上会稽,循山左右,窥佑思诸陵",与遗民义士共同收埋宋陵骸骨,并植冬青树以为志。《新元史·隐逸传》载:"西僧杨琏真迦,发宋诸陵。珏痛愤,乃毁家募乡里少年,告以欲收思陵以下遗骸葬之。众如言,瘗之兰亭山后,种冬青树为识焉。翱感其事,作《冬青引》以纪之。时又有太学生林景熙,字德旸。当发诸陵时,伪为丐者,背竹箩,铸银牌百余以贿僧徒,得高、孝两陵骨,纳竹箩中,归葬于东嘉。"元人杨维桢在《吊谢皋羽》中亦称"杨琏发陵事，翱又有阴移冥转之功"。

至元二十三年，谢翱与吴渭、方凤、吴思齐等人结为"月泉吟社"，并联络四方遗民，以《春日田园杂兴》为题征集诗作，期于丁亥三月上巳评定名次等第，榜示同人，即仿"锁院试士之法"，一如科举法，望能以此"复唤起青衫之梦"，传当时四方吟士从之，翌年收卷时，共得诗2735卷，可见响应参与者颇多，一时传为盛事。近代诗人丘逢甲曾写道："月泉诗卷凭谁定？还待当时晞发人。遥忆参军谢皋羽，西台朱鸟独伤神。"借此勉励台湾进步诗人继承谢翱的爱国诗风。至元二十五年（1288），谢翱又与吴渭、吴谦、方凤、吴思齐等人结为"江源讲经社"，开讲《春秋》大义，时吴氏、方氏子弟翕然从之。林景熙在《酬谢皋父见寄》一诗中，就写道"风雅一手提，学子屦满户"，可见当日授徒讲学之盛况。而《行状》所记游江源、月泉、仙华岩、小炉峰、三瀑布诸胜，亦当在此时。随后，谢翱又西入杭州，慕屈原，怀郢都，托兴远游，行啸于野，并自号"晞发子"。是岁晚归浦阳，为文祭信公，复赋《短歌行》以寄余悲。谢翱在浦阳的讲学及创作，亦使浦阳之诗为之一变。

至元二十八年冬十二月初九，为文天祥殉国九年忌，谢翱不顾当时元兵的巡逻监视，事先约上吴思齐等人，乘船至浙水东，设文天祥神主于严子陵西台以祭，并作楚歌以招之，并写下了名篇《登西台恸哭记》：

登西台，设主于荒亭隅；再拜跪伏，祝毕，号而恸者三；复再拜，起。又念余弱冠时，往来必谒拜祠下。其始至也，侍先君焉。今余且老，江山人物，眷焉若失。复东望泣拜不已。有云从南来，滃浡淳郁，气薄林木，若相助以悲者。乃以竹如意击石，作楚歌招之曰："魂朝往兮何极？莫归来兮关塞黑。化为朱鸟兮有咮焉食？"歌阕，竹石俱碎。

行文悲愤苍凉，同时也将当时元朝对宋代遗民的压迫与专制表现得淋漓尽致。黄宗羲曾赞其文为天地间的"至文"。历代文人对此文亦大加称赏，杨维桢在《吊谢翱文》序中叹曰："嗟乎！翱以至诚恻怛之心，发慷慨悲歌之气，世知其为庐陵公恸也，吾以翱恸夫十七庙之世主不食，三百年之正统斯坠也。盖是恸，即箕子过故国之悲，鲁连蹈东海之愤，留侯报韩、靖节存晋之心也。天经地义，于是乎在。……嗟乎！自箕鲁而下，旷千载有国士风者，非翱而谁？"郑思先在跋《登西台恸哭记》一文时称："皋羽始参文信公军事，其志将以有为也。未几国亡，而公竟以节死。故皋羽之哭，哭宋祚之不救也，哭公与己之志不得伸也。"

明朝张丁在所作注中亦写到："若其恸西台，则恸乎于丞相，恸丞相，则恸乎宋之三百年也。"宋濂在《谢翱传》中亦赞曰："翱一布衣尔，未尝有爵位于朝，徒以被天祥之知，麻衣绳履，章皇山泽间。若无所容其身，使其都重禄受社稷民人之寄，其能死守封疆决矣。翱不负天祥，肯负国哉？"刘丞直在《跋西台恸哭记》中云："子陵之于故人，不以贫贱而易其守；皋羽之于知己，又岂以存亡而异其心哉！君臣朋友出处死生之际，必如是而后为无愧也！其义微矣，今去之百有余年，忠愤抑郁之气尚勃勃于言意之表，则当时之云物助哀、江流有声，理或然也。"

谢翱除作《登西台恸哭记》一文外，还写有诗《西台哭所思》，诗云："故衣犹染碧，后土不怜才。未老山中客，惟应赋《八哀》。"并作《哭所知》《书文山卷后》等诗哀祭。谢翱将当时极度哀痛的心情化为诗句："总戎临百粤，花鸟瘴江村。落日失沧海，寒风上蓟门。雨青馀化碧，林黑见归魂。欲哭山阳笛，邻人亦不存。""魂飞万里程，天地隔幽明。死不从公死，生如无此生。丹心浑未化，碧血已先成。无处堪挥泪，吾今变姓名。"其文其诗既饱含着挽友之悲，又寄托着亡国之哀，为泣血吞声之作，读来情真意挚，同时也富含斗志。储巏在《晞发集引》一文中就赞道："及丞相死于燕，翱徬徨山泽，长往不返，怀贤愤世，郁幽之意，一吐于词。卒穷以死，视一时督府相从之士等死耳，翱真丞相之客也！……其志洁，其行廉，有沉湘蹈海之风。"

至元二十九年（1292），谢翱于严子陵钓台南得唐代诗人方干旧隐处，名为"白云原"，见之有终焉之志。顾其徒曰："死必葬我于此。"并作有《许剑录》。《行状》称其"且欲为文冢，瘗所为稿台南。"至元三十一年（1294），谢翱时寓杭州，娶遗人刘氏女，并买屋于西山，日与能文词者相往还。

元贞元年（1295），谢翱复来婺、睦，寻汐社旧盟。夏，由睦之杭，肺疾作，以秋八月壬子终。谢翱在临终前，曾跟其妻刘氏说："吾去乡远，交游惟婺、睦间方某、翁某数人最亲，死必以赴。慎收吾文及遗骨，候其至以授之。"果然，婺州的方凤、方幼学、方燾、吴思齐，睦州的冯桂芳、翁登等人在闻知谢翱死讯后，均赶来吊唁，挚友方凤等人遵其遗愿，将之葬于子陵台南，并在其墓侧立许剑亭，又以文稿殉葬，方凤除为其写下《谢君皋羽行状》一文外，还为其墓碑题曰"粤谢翱之墓"。

谢翱留下《晞发集》十卷、《遗集》二卷、《天地间集》一卷，有清康熙四十一年平湖陆氏刊本、《四库全书》本。明人杨慎在评其《晞发集》时认为："谢皋羽《晞发集》诗皆精微奇峭，有唐人风，未可例于宋视之也。"并赞其诗独具诗风，有自家面相，"其学李贺歌诗，入其室不蹈其语，比之杨铁崖盖十倍矣，其仿孟郊体……郊岛亦不能过也。"是以谢翱其诗博取李贺、贾岛、孟郊诸家之长，又能时造新境，其以至情之诗文，在宋元文学史上写下绚烂的一页。与此同时，谢翱"其志汗漫超越，浩不可御，视世间事，无足当其意者"，其一生所表现出来的崇高的爱国情怀与坚贞不渝的民族气节，亦彪炳千秋，为后人所颂扬。

（林瀚）

高棅

高棅（1350—1423），元末明初著名文学家、诗学评论家。他博学多文，才华出众，在诗歌方面专主盛唐，诗文创作以唐人为向，出仕之前的诗歌清新自然，具有较高的文学价值，是闽派诗歌的代表人物。他选编了著名的唐诗集《唐诗品汇》，对当时及后世产生了广泛影响。

高棅是福建长乐人，字彦恢，出仕后改名廷礼，号漫士，生于元顺帝至正十年（1350），卒于明成祖永乐二十一年（1423）二月三十日，享年74岁。高棅实为南宋绍定五年（1232）壬辰科探花、吏部尚书张镇之后，他的曾祖张麟出继高氏，又无子，以侄子高隆为后，遂改从高姓。他的父亲高驹清号皎白居士，有才不羁，然英年早逝；他的母亲陈氏是宋枢密使陈洽之女孙，因此他可谓名门之后。高棅居所在长乐龙门半占山上，名曰"玩宇"。他才华出众，又继承家学，"屏谢纷嚣，于天下书无所不读"（高棅：《啸台集》卷八），在诗文书画领域声名显著，与林鸿、郑定、王褒、陈亮等合称"闽中十才子"。

元朝末年天下动荡，高棅主要在家讲学为生，闲暇时则编选诗歌。陈亮在《奉寄高廷礼，时求贤甚急，高且讲学编诗不暇》中说："壮游心事已蹉跎，寂寞扃扉似养疴。秋尽却看来雁少，暮愁空对远山多。频伤白露摧兰蕙，独羡清风满薜萝。见说新编又超绝，近来衡鉴复如何？"（《闽中十才子诗》卷九《陈征君集卷四》）高棅气和神莹，善饮酒，谈吐幽默诙谐，喜与人为友，"与人无贤愚，新故盎然如一"。他后来又在旧宅旁营建新居，名曰"适安堂"，"当时名流郑定、林鸿诸先生时觞吟于此"（《长乐龙门志》卷九），成为当时士人流连忘返的交游唱和场所。如林鸿《过高逸人别墅》："识子何不早，见子即倾倒。世人意气不相合，颜色虽同心草草。子有园林东海滨，香名满耳人共闻。梁鸿避世身不仕，孔融爱客家常贫。兹晨饮客青山墅，新压葡萄酒如乳。绿树穿窗鸟当歌，红条拂地花能舞。醉来兴逸无不为，投壶击剑仍弹棋。人生得意有如此，世上悠悠那得知。"林鸿是"十才子"之首，他长于高棅，高棅称其为先辈。他论诗亦主盛唐，与高棅主张相合，因此常在一起交流探讨，"上自苏李，下迄六代汉魏，骨气虽雄而菁华不足。晋祖玄虚，宋尚条畅，齐梁以下但务春华，殊欠秋实。唯李唐作者可谓大成，然贞观尚习故陋，神龙渐变常调，开元、天宝间神秀声律粲然大备，故学者当以是楷式，予以为确论"，给他诗学发展以很大启发。（高棅：《唐诗品汇》。）高棅与陈亮、王恭是布衣之交，情谊深厚。陈亮别号沧洲狂客，是适安堂的常客，他在《高彦恢适安堂》中云："即地可栖遁，何必远结庐。作堂依故宅，聊以适起居。青青映户庭，嘉木罗且敷。图史积左右，日与文士俱。有时风日佳，吟行步前除。萧散咏乐情，畅然形神舒。用世岂无心，出门畏崎岖。优游保贞素，庶得遗毁誉。"（《闽中十才子诗》卷六《陈征君集卷一》）王恭视高棅为知己，往来唱和的诗作很多，他在《次韵答高漫士二首》中说："萍梗飘飘未遇时，此怀唯有故人知。离心几度曾相梦，交态于今更不疑。黄菊青樽谁共榻，白云高馆独垂帷。遥知玩宇楼中月，应怪登临每负期。""林馆深秋黄菊残，微霜枫树叶初丹。浮生只解刘伶醉，失路应怜范叔寒。落日断鸿愁里听，故园衰草梦中看。龙门知己能相问，欲和阳春愧独难。"高棅居龙门，故称他为龙门知己。王褒"孝友刚直，好汲引士类"，高棅、王恭等都是他推荐为官的。许多后辈亦十分仰慕钦佩高棅的才华与诚厚，乐于与他交游，如他的学生林志，后为他作墓志铭；林鸿的弟子周玄、黄玄等，都与他交往甚密，周玄甚至在高棅家读书十余年之久。

明朝建立后，百废待兴，明太祖、明成祖数次下诏求贤，希望获得人才匡辅国家治理。高棅虽然一直居家讲学，也想为国家做一番贡献，但直到明成祖时期才出仕，其中缘由可能是须在家侍奉母亲，难以脱身。永乐元年（1403），高棅受好友王褒的推荐，被征召入朝，次年授为翰林院待诏，开始仕宦生涯。永乐元年，明成祖朱棣下令编纂一部大型类书，解缙召集文人用一年时间编纂成《文献集成》，但朱棣对此十分不满意，下令重修。永乐三年，解缙、姚广孝等召集全国文人2169人开始编纂新书，至永乐五年定稿进呈，次年冬才最终完成。朱棣对此十分满意，御赐书名，此即著名的《永乐大典》。高棅征召为官，很大程度上就为了编纂这部大型类书。他精通经史典籍，在编纂工作中得心应手，分纂分校任务完成得很出色。但永乐三年六月，其母去世，他回家丁忧，直到永乐五年六月才重新入朝任职，继续参与编纂工作。永乐六年十二月，《永乐大典》完成，参与编纂的人员都受到朱棣奖赏，之后约有十分之二的人恩荣遣归，高棅得以继续留在翰林院。高棅任翰林院待诏九年之后才升为从八品的翰林院典籍，在职期间除例行公事外，他从事诗文书画创作，并与南京士人广泛唱和往来。他任典籍近十年，永乐二十一年（1423）二月在南京官舍去世。

高棅除诗歌之外，书、画亦十分出名，在当时号称"三绝"。他"书得汉隶笔法，画原于米南宫父子，出入商、高间"，在翰林院期间，"四方求诗画者，争致金帛修饩，岁常优于禄入"。（林志：《漫士高先生墓志》，《国朝献征录》卷二十二）他与闽中书画家林真土、林铭、马景约等互相交流，王褒之子王肇则向他拜师学画。他的山水画技法精绝，笔力苍古，墨气秀润，诗情画意俱在，王恭在《书沧州翁家藏高漫士山水图》一诗中描述到："草屋带沧波，连峰扫黛蛾。路疑盘谷入，门讶辋川过。野杖依松桂，春衣换薜萝。弄琴鱼鸟近，卷幔水云多。机静都忘世，槃成遂永歌。纷纷人代里，缨冕欲如何。"（王恭：《白云樵唱集》卷三）足见其画作之精妙。他对自己的画也十分满意，自称为"无声诗"。

高棅是著名诗人，在文学史上享有盛誉。他一生以讲学为主，在翰林院任官时也是从事文职，因此有很多时间从事诗歌创作以及与各地文人进行交流，从而使他的诗歌具有很高的文学水准。他的主要著作有《啸台集》二十卷、《木天清气集》十四卷、《玩宇楼诗文集》、《拾遗》十卷，其中诗歌有一千五百余首。

高棅的诗诸体皆有，以五古、七古、五律、七律等为主，尤以五古最为出色。他长期家居讲学，因此他的诗更贴近生活，写人、写景、写物、写事均充满深厚情感，迎留送别、交游唱和、书画题跋等多有感而发。高棅善于交际，喜与人为友，因此有很多描述送往迎来、交游唱和的诗歌，而也最能体现他的诗歌功力与真实情感。如《将归龙门留别冶城诸游好》："海水与别意，相看更谁深。长风向东来，吹我东归心。怅然旧山云，苍茫远洲树。一雁飞晴空，翩翩又东去。此别非万里，后游当几时。衔杯不尽欢，握手翻成悲。我去听寒泉，留君钓台月。唯有长相思，因之寄天末。"（高棅的诗均选自《闽中十才子诗》之《高待诏集》）"海水与别意，相看更谁深"，这种意境颇得大诗人李白之手法，景物的写照十分清新自然，而更衬托出他与朋友离别时的依依不舍之情，这种情谊是他内心的自然流露，而非应景之做作。高棅与"布衣之交"陈亮感情深厚，在《答陈沧州留别之作》一诗中说："海上春欲暮，楼头花满林。一樽风雨夕，千古幽期心。平旦忽惆怅，怆然惜离襟。踟蹰歌白雪，留赠比黄金。十日不尽欢，临歧徒悲吟。举目望霄汉，浮云蔽重阴。沧洲渺何许，春水洪涛深。此别非万里，无时问徽音。心摇天际树，思绝云中岑。以我子猷船,期君安道琴。毋为叹白发,岁晚重招寻。"虽然离别之地相去不远,但仍不免朋友之间的相思之情。永乐元年六月,高棅征召入朝,临行前与王恭、陈亮、郑宣、林思器等十人相聚于沧洲堂旬日之久,把酒言欢,共叙旧情。他有感于即将到来的离别,"昔旧游殆不可复",乃赋诗咏曰:"昔与郑浮丘,来寻王子猷。三人同二屐,浪作大堤游。朝从沧洲吟,暮醉苍林酒。陈翁往年交,林子金石友。别来十度春,郑老登青云。同游半白发,笑我复离群。离群余所惜,沙头寻旧迹。鱼鸟却相疑,故人不争席。纵酒如泄泉,涉湖多系鲜。长筵醉深夜,倾倒平生言。我醉君浩歌,我歌君起舞。中觞念王程,别意渺何许。出门分路歧,骊歌空尔为。丈夫四方志,毋为嗟别离。"字句不饰雕琢,但越是简单越见他与朋友之间的深厚情谊,也体现他重情重义的士人情怀。

　　他的写景之诗,具有"诗中有画,画中有诗"之境,使读者有身临其境之感。如《峤屿春潮》:"瀛洲见海色,潮来如风雨。初日照寒涛,春声在孤屿。飞帆落镜中,望入桃花去。"《衡江夕露》:"大江白露下,秋气横沧浪。夜色不映水,微风忽吹裳。孤舟待明月,时闻兰杜香。"《夏谷云泉》:"云影荡山翠,泉声乱溪湍。长林无六月,萝薜生秋寒。"而作为画家,他也善于鉴赏题跋书画,如《题陆太守所藏瞿塘日暮图》:"墨妙状空翠,毫端耸峥嵘。未穷崖崿险,但见烟云生。万壑赴荆门,奔涛天际倾。中流滟滪峙,縠转盘涡鸣。三峡蔽阴阳,百牢壮关城。金绳锁地轴，设险何时平。万古走舟车，使人心不宁。我闻十二峰，中天开列屏。高唐隔灵女，云雨空冥冥。恍惚白日暮，哀猿啸三声。林幽熊虎斗，路暗鬼神争。对此怅不乐，怆然为之惊。波澜起枕石，嵝岑生户庭。宋玉竟何为，冥搜造化灵。荒淫归楚襄，自骋文赋名。予悲风骚人，而多山水情。孤吟发慷慨，赠尔陆华亭。"该画的情境、技法实际上与王恭评鉴他的画有很多的共同之处，因此他更能身临其境的感受作者的意境，他的题诗表现了对作者绝妙技法、境界的钦佩之情，同时借画中之事表达对收藏者的劝勉之意。

钱谦益评价认为："漫士诗所谓《啸台集》者，其山居拟唐之作，音节可观，神理不足，时出俊语，铮铮自赏。《木天集》凡六百六十余首，应酬冗长，尘坋堆积，不中与宋元人作奴，何况三唐。"（钱谦益《列朝诗集小传》）他的诗以家居时所作最善，而为官之后多为应酬唱和之作，文学价值不高。高棅专宗唐诗，其诗在韦应物、柳宗元之间，是闽中诗派的代表人物。"闽三山林膳部鸿，独唱鸣唐诗，其徒黄玄、周玄继之，先生与皆山王恭起长乐，颉颃齐名，至今闽中诗人推五人，而残膏剩馥，沾溉者多。"（林志：《漫士高先生棅墓志》，《国朝献征录》卷二十二）他的诗以及他编纂的《唐诗品汇》都对后世诗歌产生了深远影响。

高棅善作诗也善评诗，是诗歌衡鉴高手，编辑了《唐诗品汇》与《唐诗正声》。《唐诗品汇》初编九十卷，补编十卷，收681家诗6725首，是一部规模宏大、有独到见解的大型选本。高棅编纂此书历时十数年，至明洪武二十六年（1393）才完成九十卷，洪武三十一年增补61家954首，为《唐诗拾遗》十卷，合为一百卷。《唐诗正声》实为《唐诗品汇》的精编本，详于盛唐而略于晚唐，颇重风骨，其格甚正。

《唐诗品汇》按照诗体依次分为五言古诗、七言古诗、五言绝句、七言绝句、五言律诗、五言排律、七言律诗，"分体从类，随类定其品目，因目别其上下始终正变，各立序论，以弁其端爰"，体裁完备，内容完备丰富，"上而朝廷公卿大夫，下而山林隐逸士子，外而夷貊，内而闺秀女冠，与夫方外异人，衲子羽客之流，凡有一题一咏之善者，皆采摭无遗"（《唐诗品汇》林慈序），故有"自有唐诗以来，七八百年，至是方无弃璧遗珠之恨"之说（《唐诗品汇》王偁序）。高棅在《唐诗品汇》中，将唐诗分为"四唐九品"，"大略以初唐为正始，盛唐为正宗、大家、名家、羽翼，中唐为接武，晚唐为正变、余响，方外、异人等诗为旁流"，各体的发展演变过程、各家的创作风格一目了然，而综合起来就是唐诗的发展全貌。高棅的"四唐九品"可谓直接受到元代杨士弘《唐音》中"四唐三品"的启发，而二者皆以"审音律之正变"作为区分诗歌品格高下的主要依据。高棅在声律之外，还注重兴象、文词、理致，从而使《唐诗品汇》在诗学理论、实用价值方面都远超其他唐诗选集作品。高棅专主盛唐，他说："诗自三百篇以降，汉魏质过于文，六朝浮华于实，得二者之中，备风人之体，惟唐诗为然。然以世次不同,故其所作亦异。初唐声律未纯,晚唐气习卑下,卓卓乎其可尚者,又惟盛唐为然。"(《唐诗品汇》王俌序)因此,《唐诗品汇》的编次详于盛唐,次则初唐、中唐,晚唐则略述,他所主张的九品,盛唐既占据正宗、大家、名家、羽翼四品,是唐诗的主体和菁华所在。唐诗的品目是根据"有唐世次、文章高下而分别诸卷",对于同一诗人的不同诗体作品不一概而论,衡鉴公允。如五古以陈子昂、李白为正宗,杜甫为大家,孟浩然、王维、王昌龄、李颀、常建、高适、岑参等盛唐诗人以及中唐诗人刘长卿、钱起、韦应物、柳宗元为名家;七古以李白为正宗,杜甫为大家,高适、岑参、李颀、王维、崔颢为名家。上述归类与诗人归属,大致是符合实际的。(参见黄炳辉:《高棅〈唐诗品汇〉述评》,《厦门大学学报(哲社版)》1992 年第 4 期)

高棅编纂《唐诗品汇》的目的在于"以为学唐诗者之门径",而《唐诗品汇》也确实在社会产生了广泛的影响。"终明之世,馆阁宗之。厥后李梦阳、何景明等摹拟盛唐,名为崛起,其胚胎实兆于此。"(永瑢:《四库全书总目》卷一八九《唐诗品汇九十卷》)《唐诗品汇》成为明朝馆阁官员吟咏作诗的基本参照,而之后的"前后七子""诗必盛唐"的主张也肇端于此,谢肇淛在《小草斋诗话》中就说:"明诗所以知宗乎唐者,高廷礼之功也。"然钱谦益在《唐诗鼓吹序》中说:"盖三百年来,诗学之受病深矣。馆阁之教习,家塾之程课,咸禀承严氏之诗法,高氏之《品汇》,

耳濡目染，镌心刻骨，学士大夫生而堕地，师友熏习，隐隐然有两家种子盘亘于藏识之中。迨其后时，知见日新，学殖日积。洄盘起伏，只足以增长其邪根谬种而已矣。嗟夫！唐人一代之诗，各有神髓，各有气候。今以初、盛、中、晚，厘为界分，又从而判断之曰：此为妙悟，彼为二乘；此为正宗，彼为羽翼，支离割剥，俾唐人之面目蒙幕于千载之上，而后人之心眼沉锢于千载之下，甚矣诗道之穷也。"（《钱牧斋全集》第5册）钱谦益不同意高棅的"四唐九品说"，认为这种分类割裂诗歌发展的时代脉络，肢解个体的风格全貌。《唐诗品汇》虽有此诟病，但社会影响的广泛正说明其有巨大的存在价值，"平心而论，唐音之流为肤廓者，此书实启其弊；唐音之不绝于后世者，亦此书实衍其传。功过并存，不能互掩，后来过毁过誉，皆门户之见，非公论也。"（永瑢：《四库全书总目》卷一八九《唐诗品汇九十卷》）

（章广）

俞大猷

俞大猷（1503—1579），字志辅，福建泉州府晋江县人。先祖俞敏从明太祖朱元璋起兵，以故俞氏世袭泉州卫百户之职。俞大猷少好读书，学习《周易》及兵法，又习剑术。家境虽贫寒，但内心豁达。父亲俞元瓒去世之后，俞大猷遂继承了泉州卫百户一职。

明世宗嘉靖十四年（1535）举行武举会试，俞大猷考中进士，随后升任千户，守御金门。其时东南沿岸海寇频仍，俞大猷乃上书监司以论其事。没想到的是，上司非但没有采纳他的建议，反而怒叱之，将其杖责并夺职以惩。但是，俞大猷并未因此挫折而变得谨小慎微。在兵部尚书毛伯温征安南时，俞大猷再次上书指陈方略，并且请求从兵以战。他的上书给毛伯温留下了深刻印象，但由于战事已停，俞大猷并未得到任用。

嘉靖二十一年，蒙古土默特部首领俺答大举入寇山西，皇帝下诏天下举荐武勇之士。俞大猷乃拜诣巡按御史，毛遂自荐。御史将其上报兵部，兵部尚书毛伯温于是将俞大猷送到宣府大同总督翟鹏官署。俞大猷在其处纵论兵事，锋芒毕露，屡使总督折服。翟鹏虽对俞大猷以礼相待，但并没有任用他。俞大猷只好辞别回乡，毛伯温于是任命他为汀漳守备，驻扎于福建武平。在此期间，俞大猷建造读易轩，与举子讲论文学，同时教导士兵击剑。他接连打败海盗康老的侵犯，俘虏及斩首共300余人。嘉靖二十七年，擢任都指挥使佥事，负责广东之军事。当地峒贼屡生叛乱，两广总督欧阳必进遂命俞大猷前往讨寇。对这些贼寇，俞大猷恩威并用，招降头目数人，当地治安始变得好起来。

嘉靖二十八年，提督浙闽海防军务朱纨巡视福建，拟荐举俞大猷为备倭都指挥。不巧的是，安南大臣范子仪正率卒剽掠广西钦、廉等州，岭海骚动，两广总督欧阳必进上奏留之，命俞大猷前往征讨。早在嘉靖十九年，后黎朝的篡位者莫登庸为了与黎朝拥护者抗衡，入镇南关向明朝官员纳地请降，以此寻求明朝的庇护，明朝于是将安南国降为安南都统使司。次年，莫登庸去世，其孙莫福海亲政。嘉靖二十五年，莫福海去世，大臣分别拥立诸子，结为党羽，互相仇杀。其子莫正中在斗争中失败，逃往明廷。拥立他的大臣范子仪借口迎接莫正中归立，对钦、廉等州动用武力。这次事件的起因大致如此。俞大猷接令后立刻赶往钦州，此时贼寇攻城正急。俞大猷派数骑先往谕降，佯言大兵马上就要来了。贼寇不明虚实，果然自动退去。待到舟师大集，俞大猷又在冠头岭设伏。追讨数日，生擒范子仪之弟范子流，斩首一千二百级。事情平定之后，内阁首辅严嵩对俞大猷并未叙功升用，只是赏给他五十两银子。

不久，琼州五指山诸黎联合反叛，欧阳必进复命俞大猷前往征讨，任命他担任崖州参将。俞大猷会同广西副将沈希仪等军斩首招降各数千人。俞大猷认为黎族人数年一反，朝廷相应地数年一征，这样做实在有违人道，于是向欧阳必进建议在此建城设市,杂用汉法来治理他们。俞大猷不仅这样说,而且还单身匹马进入黎族聚居地,与他们订立协定,海南从此变得安宁起来。

嘉靖三十一年(1552),倭寇大肆侵扰浙江东部,俞大猷受命任宁波、台州诸郡参将。此时贼寇正攻破宁波昌国卫,俞大猷上任后立即将其击退。贼寇又攻陷绍兴临山卫,转掠至松阳,俞大猷从海上截击,斩获甚多。知县罗拱辰力主防御,俞大猷的进攻策略与其相左,竟因此停俸受惩。没有多久,俞大猷在海上追逐贼寇,焚船五十余艘,乃得给俸如故。嘉靖三十三年,俞大猷率兵攻打盘踞宁波普陀的贼寇时,突然受到贼寇的袭击,武举人火斌等三百人被杀,因此受命带罪剿贼。不久在吴淞所打败贼寇,才受诏解除前罪,并赏赐银币若干。贼寇从健跳所入寇,俞大猷接连击败他们,很快就代替汤克宽担任苏松副总兵。这时,俞大猷手下士卒不过三百,以此迎战正好来犯金山的贼寇,俞大猷失败了。总督张经又催促他与驻屯在松江柘林的二万倭寇交战,俞大猷自忖兵力寡少恐难敌众,坚持不可轻易出战。等到增援的士卒到来之后,俞大猷才跟随张经出兵击寇,在王江泾大破倭寇,杀敌近两千,取得抗倭战役中前所未有之功劳。不幸的是,这次战功被严嵩亲信赵文华、胡宗宪所攘夺,俞大猷不但未被叙功,反而因在金山的失败而被贬为事官。

柘林的倭寇虽被击败,但另一支倭寇紧接着又进犯苏州陆泾壩,直抵娄门,将南京都督周于德的军队打败。此后又分为两路大肆寇掠，蔓延至常熟、江阴、无锡，出入太湖之中。俞大猷与副使任环在陆泾壩将这支倭寇击败。不久，倭寇进犯吴江，俞大猷与任环又在莺脰湖邀击之，迫使其逃往嘉兴。除此之外，俞大猷在此期间所击败的倭寇尚有多支，可以称得上是战功累累。可是，因为柘林一支倭寇纠合舟船，势犹未已，巡抚曹邦辅竟弹劾俞大猷放纵贼寇，嘉靖帝闻后大怒，将俞大猷世袭官荫夺去，命令他戴罪立功。

凑巧的是，浙江总兵官刘远上任数月抗倭不力无所作为，廷臣乃咸以俞大猷富有将才而举荐之。嘉靖三十五年，俞大猷接替刘远担任浙江总兵官。接着，俞大猷与邦政击败进犯西庵等处的倭寇，嘉靖帝于是下诏恢复他世袭的官荫。贼寇从黄浦江逃遁出海，俞大猷追击其后，将其打败。这年冬天，俞大猷因平海有功，加官都督佥事。经过这几次打击，浙江西路的倭寇悉数讨平。但在舟山还有一支倭寇恃险顽抗，官兵围攻不下。俞大猷冒着大雪，率领由川贵刚刚调来的六千士卒四面围攻，将倭寇盘踞之处的栅栏焚毁，一举平定。朝廷因此加俞大猷署都督同知。

嘉靖三十六年，浙江巡按监察御史胡宗宪企图诱降海盗汪直，采用卢镗的建议欲与汪直通市，俞大猷力争不可。其后汪直被诱捕下狱，属下毛海峰等乃盘踞舟山，恃岑港自守。俞大猷率兵围攻，虽时获小胜，但迫于仰攻之势，将士先登者多死，而倭寇却随即大量到来，因此久久未能讨平。胡宗宪曾在朝廷下令时夸下海口，说要迅速平定贼寇，可是现在双方却相持不下，大臣因此痛诋胡宗宪，并弹劾俞大猷。朝廷于是将俞大猷夺职，并限其一个月之内平定倭寇。俞大猷迫于压力，加大对倭寇进攻的力度，而倭寇也负隅顽抗。嘉靖三十七年七月，倭寇眼见支撑不下去了，便从岑港移至柯梅，造船泛海而逃。俞大猷拦腰截击，打沉敌船一艘，余下的倭寇遂扬帆南去，流窜至福建、广东劫掠。这次行动中俞大猷先后杀敌四五千人，差点就将贼寇讨平。由于官兵与贼寇对峙一年，人心厌战，胡宗宪也认为倭寇被打跑了就是好事，不想再下令诸将邀击。没想到的是，御史李瑚却弹劾他故意放走贼寇，胡宗宪为自保将责任推给了俞大猷。嘉靖帝听说后大怒，将俞大猷逮捕下狱，并再次夺去他的世袭官荫。

这时，俞大猷的好友锦衣卫都指挥使陆炳私下贿赂严世蕃，将其从狱中解救出来，让他北至塞上戴罪立功。大同巡抚李文进熟知俞大猷的才能，与其共同筹划军事。俞大猷发明一种独轮车，用来抵挡敌人的战马。他用一百辆独轮车与步兵骑兵三千人，在安银堡挫败了敌人的进攻。李文进将这一创制上报朝廷，于是开始在京营中设置兵车营。李文进在袭击板升时，向俞大猷咨询方法，终获全胜，朝廷乃下诏恢复俞大猷的世袭官荫。在平定汪直后，朝廷论功行赏，允许俞大猷解除罪责继续为官。川湖总督黄光昇举荐俞大猷为镇篁参将。

嘉靖四十年（1561）七月，朝廷下诏俞大猷移镇南赣，联合福建、广东军队攻讨广东饶平贼寇张琏。此时张琏正远出，俞大猷乃急速率领1.5万士卒直捣贼寇老巢。张琏闻讯赶回营救，被俞大猷接连打败，斩首1200余级。后又设计诱使张琏出战，派兵从阵后将其抓获，并擒获贼魁萧学峰。这次平寇之功本属俞大猷，却被广东人攘窃，俞大猷亦未与其计较。平定之后，将贼寇余党二万遣散，未杀一人。俞大猷擢副总兵，协助守备今江西、福建、广东三省交界处诸郡。不久又擢福建总兵官，与戚继光收复兴化城，共同击破沿海倭寇。

嘉靖四十三年，俞大猷调任广东总兵官。此时，潮州倭寇二万与贼寇吴平相互勾结，惠州、潮州之间有诸峒山贼日相侵扰，福建延平有程绍禄、汀州有梁道辉叛乱。面对如此复杂的形势，俞大猷精心谋划，逐个击破。他首先利用自己的威慑力使程绍禄、梁道辉归峒，然后以"俞家军"的威名讨平惠、潮间诸峒伍端、温七两支势力。俞大猷接着围攻潮州倭寇，在海丰取得重大胜利，又围攻战败逃窜的倭寇，整整两个月之后，倭寇弹尽粮绝望风而逃。在副将汤克宽、参将王诏的援助下，倭寇兵败溃散。俞大猷接着移师潮州，招降吴平，令其迁居梅岭。不久，吴平再次反叛，造战舰数百艘，聚众万余人，建三城以自守，劫掠沿海诸郡县。福建总兵官戚继光率兵攻打吴平，迫使其逃遁自保于南澳。嘉靖四十四年秋，俞大猷率领水军与戚继光所率陆军夹击吴平于南澳，获得大捷。吴平匆忙逃至饶平凤凰山，戚继光令部将汤克宽、李超等追击，连战失利，吴平趁机抢夺民船逃海而去。闽广巡按御史轮番上奏弹劾，俞大猷因此又被夺职。

不久，两广总督吴桂芳任用俞大猷讨伐广东河源、翁源贼寇李亚源。俞大猷率兵十万，直捣贼巢，活捉李亚源。朝廷乃以俞大猷为广西总兵官，赠予平蛮将军印。先前讨平的峒贼伍端死后，同伙王世桥复叛，俞大猷将其击败，进署都督同知。吴平余党曾一本又叛，朝廷命令俞大猷临时率领广东兵士征讨。明穆宗隆庆二年（1568），曾一本进犯广东、福建，俞大猷联合其他军队将其擒获，以功进右都督。其后，广西巡抚殷正茂征兵十四万，令俞大猷讨伐当地贼寇黄朝猛、韦银豹等。贼寇据保潮水，盘踞山巅，易守难攻。俞大猷采用声东击西、出其不意的战术，最终将其擒获。因此，俞大猷被擢升为世袭指挥佥事。巡按李良臣以"奸贪"弹劾之，朝廷诏令俞大猷回乡等候迁调。其后任命俞大猷为南京右府佥书，未赴任，后再任命为福建总兵官。明神宗万历元年（1573）秋，又因战事失利夺职。然后被任命为后府佥事，掌管车营训练。万历七年九月俞大猷卒，赠左都督，谥武襄。

（邓少平）

李 贽

　　李贽（1527—1602），原名载贽，号卓吾，又号温陵居士等，明嘉靖六年（1527）出生于福建省泉州府晋江县。先世本姓林，后改姓李。六世祖林驽是泉州巨贾，娶色目女子为妻，往来贸易于波斯湾。但李贽出生之时，其家族早已衰落。李贽的母亲徐氏在他六七岁时便去世了，此时他在父亲李白斋的教育下开始读书，学习《周易》《礼记》《尚书》等儒家经典。嘉靖二十六年，李贽与时年15岁的黄氏成婚。由于家境贫寒，李贽"自弱冠糊口四方，靡日不逐时事奔走"，对生活的艰辛深有体会。

　　嘉靖三十一年，李贽考中壬子科举人，但因经济拮据，未能继续参加更高一级的会试，而只循例任官。嘉靖三十五年，李贽出任河南共城教谕，从此开始了漫长的宦海浮沉。此年，长子病死，李贽甚感悲戚。嘉靖三十九年，李贽升任南京国子监教官，但不久父亲去世，他随即回乡丁忧。嘉靖四十一年，李贽在服丧期满后，带着妻儿前往北京，等待了近两年的时间，才得到北京国子监博士的职位。在此期间，他以教书养家糊口，生活困顿，有时甚至连肚子都无法填饱。嘉靖四十三年，李贽祖父去世。就在接到消息的当天，李贽的次子也死了。他当即放弃职位，携带家眷回乡守丧。因囊中羞涩，遂于南下途中，拿出一部分钱财在他曾任教谕的河南共城购置地产一处，将妻儿留在那里，让她们自食其力。李贽带着剩下的钱财回到晋江家中，将父母、祖父母和曾祖父母三代一起安葬了。三年之后，李贽再次来到河南共城，重新与妻儿相聚。此时，他才知道二女儿、三女儿已在当地发生的饥荒之中丧亡。这天晚上，他与妻子"秉烛相对，真如梦寐"，由此可见其内心的伤痛之情。李贽随即带上家人再次来到北京，被任命为礼部司务一职。司务之职比国子监博士更穷，但李贽以为京师是文化名人荟萃之地，便于他访学问道。在北京的那段时间里，李贽开始接触到佛教及王阳明等心学家的学说，思想逐渐发生变化。隆庆四年（1570），李贽转任南京刑部员外郎。在此期间，李贽结识耿定向、耿定理兄弟以及焦竑、王畿、罗汝芳等朋友，他们经常在一起讨论学问。更为关键的是，李贽在此师事泰州学派的学者王襞，他是著名学者王艮的儿子，从此，李贽的思想焕然一新、卓然独立。万历五年（1577），李贽被任命为云南姚安府知府。他为官崇尚自然，以不扰民为念，公余之暇，仍从事讲学。至此，他的经济状况才开始改善，有所积蓄。三年任满之后，李贽决定告老辞官。李贽从进入仕途至此已二十几年，由于个性的缘故，期间经常和上司、同僚产生矛盾，他之所以要在此时退休，很大程度就是因为官场让他充满厌倦。李贽对他在仕宦生涯中经历的坎坷磨难留下这样的回忆："余唯以不受管束之故，受尽磨难，一生坎坷，将大地为墨，难尽写也。为县博士，即与县令、提学触；为太学博士，即与祭酒、司业触。……司礼曹务，即与高尚书、殷尚书、王侍郎、万侍郎尽触也。……最苦者,为员外郎不得尚书谢、大理卿董并汪意。……又最苦而遇尚书赵。……最后为郡守,即与巡抚王触,与守道骆触。……此余平生之大略也。"

万历九年,李贽辞官之后并没有回到家乡,而是去往湖北黄安,寄居在朋友耿定向、耿定理兄弟家里,充当门客和家庭教师。他说:"我老矣,得一二胜友,终日晤言,以遣余日,即为至快,何必故乡也?"李贽后来对自己之所以不回家乡的缘由又做了如下解释:"我平生不爱属人管。……弃官回家,即属本府本县公祖父母管矣。来而迎,去而送;出分金,摆酒席;出轴金,贺寿旦。一毫不谨,失其欢心,则祸患立至。其为管束至入木埋下土未已也,管束得更苦矣。我是以宁飘流四外,不归家也。其访友朋求知己之心虽切,然已亮天下无有知我者;只以不愿属人管一节,既弃官,又不肯回家,乃其本心实意。"在耿家,李贽与耿定理关系颇好,但是和耿定向在思想上存在分歧,最终导致两人反目为仇。万历十二年,耿定理卒于家中,李贽再也无法在耿家住下去了。万历十三年,李贽搬到麻城,先寄住于朋友家中,次年移居维摩庵,并让女婿将他的妻女送回家乡晋江。他在此时写给耿定向的一封书信中,对耿的伪善进行了激烈的嘲讽:"试观公之行事,殊无甚异于人者。人尽如此,我亦如此,公亦如此。自朝至暮,自有知识以至今日,均之耕田而求食,买地而求种,架屋而求安,读书而求科第,居官而求尊显,博求风水以求福荫子孙。种种日用,皆为自己身家计虑,无一厘为人谋者。及乎开口谈学,便说尔为自己,我为他人;尔为自私,我欲利他;我怜东家之饥矣,又思西家之寒难可忍也;某等肯上门教人矣,是孔、孟之志也,某等不肯会人,是自私自利之徒也;某行虽不谨,而肯与人为善,某等行虽端谨,而好以佛法害人。以此而观,所讲者未必公之所行,所行者又公之所不讲,其与言顾行、行顾言何异乎?以是谓为孔圣之训可乎?翻思此等,反不如市井小夫,身履是事,口便说是事,作生意者但说生意,力田作者但说力田,凿凿有味,真有德之言,令人听之忘厌倦矣。"

万历十六年,李贽剃发为僧,移居位于麻城城外龙潭的芝佛院。对于隐藏在这一做法背后的内心情感,李贽在名为《薙发》的一组诗歌中有很直白的透露,其中二首云:"有家真是累,混俗亦招尤。去去山中卧,晨兴粥一瓯。""为儒已半世,食禄又多年。欲证无生忍,尽抛妻子缘。"在给曾继泉的信中,李贽也提到自己削发为僧的原因是:"因家中闲杂人等时时望我归去,又时时不远千里来迫我,以俗事强我,故我剃发以示不归,俗事亦决不肯与理也。又此间无见识人多以异端目我,故我遂为异端以成彼竖子之名。兼此数者,陡然去发,非其心也。"信中所谓的"俗事",不外乎是指回乡购置田产以及为宗族承担应尽的义务,这些事情是传统社会中官员退休之后无法逃脱的。但是,李贽已下定决心要摆脱乡里宗亲的束缚,他的剃发就是自己不回家乡的极端表示。此外,当地士绅视李贽为异端，对他思想与行为表现出来的敌视态度，也是李贽出家的原因之一。总之，李贽在他 61 岁时剃发为僧，为的是追求个人的自由，过一种与世俗人生完全不同的生活。他在寺院里著书立说，与弟子们研讨学问，与远方朋友飞鸿往来，有时还外出参加朋友召集的聚会。靠着外出化缘和朋友的接济，李贽此时在经济上没有碰到任何困难。李贽后来自述在寺院中多得僧人照顾，让他这个孑然一身的老人不为起居饮食而担忧："日夕惟僧，安饱惟僧，不觉遂二十年，全忘其地之为楚、身之为孤、人之为老、须尽白而发尽秃也。余虽天性喜寂静，爱书史，不乐与俗人接，然非僧辈服事唯谨，饮食以时，若子孙之于父祖，然亦未能遽尔忘情一至于斯矣！"万历二十一年（1593），公安派袁宏道、袁中道、袁宗道三兄弟前来龙潭拜访李贽，他们谈论甚欢，并互相作诗酬唱。后来，袁中道在《李温陵传》中记下了李贽在寺院中生活的情景："与僧无念、周友山、丘坦之、杨定见聚，闭门下键，日以读书为事。性爱扫地，数人缚帚不给。衿裙浣洗，极其鲜洁。拭面拂身，有同水淫。不喜俗客，客不获辞而至，但一交手，即令之远坐，嫌其臭秽。其忻赏者，镇日言笑；意所不契，寂无一语。滑稽排调，冲口而发，既能解颐，亦可刺骨。所读书皆钞写为善本，东国之秘语，西方之灵文，《离骚》、马、班之篇，陶、谢、柳、杜之诗，下至稗官小说之奇，宋元名人之曲，雪藤丹笔，逐字雠校，肌襞理分，时出新意。其为文不阡不陌，摅其胸中之独见，精光凛凛，不可逼视。诗不多作，大有神境。亦喜作书，每研墨伸楮，则解衣大叫，作兔起鹘落之状。其得意者亦甚可爱，瘦劲险绝，铁腕万均，骨棱棱纸上。"

万历十八年，李贽的《焚书》在麻城刊印，书中收入历年所写书信、杂文和诗歌等，共六卷。在《自序》中，他对此书做了自嘲式的说明："所言颇切近世学者膏肓，既中其痼疾，则必欲杀我矣，故欲焚之，言当焚而弃之，不可留也。"书中特别收入了与耿定向论学的多封书信，公开揭露了"假道学"的伪善面目。此书的刊行，意味着李贽的"异端"思想将要更加广泛地流传，因此，当地官绅对李贽的敌对更为强烈，甚至对他进行迫害。《焚书》也当即遭到官方的非毁，列为禁书，然而在社会上却更加为人所知。

万历二十四年，李贽应刘东星之邀前往山西沁水。次年，又应挚友梅国祯之邀前往大同。九月，李贽又至北京。万历二十六年，李贽与同在北京的焦竑一起前往南京。万历二十七年，李贽的《藏书》六十八卷在南京刻成。此书分为《世纪》和《列传》两个部分，前者相当于《史记》中的《本纪》，是对帝王或虽未称帝但号令天下的人物的记述，后者是对历代大臣的记述。《世纪》每篇以标题示褒贬，《列传》则分门别类以次编排，通过这样的方式，李贽根据自己的标准对战国至元朝灭亡期间的八百名历史人物进行评价。他在给焦竑的信中说到写作此书的动机："山中寂寞无侣，时时取史册批阅，得与其人会晤，亦自快乐，非谓有志于博学宏词科也。尝谓载籍所称，不但赫然可纪述于后者是大圣人，纵遗臭万年，绝无足录，其精神巧思，亦能令人称羡。况真正圣贤，不免被人细摘，或以浮名传颂，而其实索然。自古至今，多少冤屈，谁与辩雪？故读史时真如与百千万人作对敌，一经对垒，自然献俘授首，殊有绝致，未易告语。"

李贽自认此书"乃万世治平之书，经筵当以进读，科场当以取士"，可见他自视甚高。李贽通过对历史人物的褒贬来表达自己的思想，他以"李卓吾一人之是非"评价历史人物，目的是揭露道学家"以孔子之是非为是非"的虚伪。李贽认为，衡量历史人物的标准应该是他们对历史产生的实际作用，而非儒家的道德标准。因此，《藏书》中对一些历史人物的排列与评价同在儒家思想指导之下写成的王朝史迥然有别。他把陈胜、窦建德等农民起义领袖列入《世纪》，与汉武帝、唐太宗并列，称赞陈胜为"古所未有"。他将儒家贬斥为"聚敛之臣"的桑弘羊列入"富国名臣"一栏，给予了正面评价。对于由韩愈所创而被宋明理学家继承的"道统说"，李贽斥之为虚妄。韩愈的"道统说"认为，儒家的道统是由尧舜传下来的，一直传到孔子、孟子，此后道统就失传了。宋明道学家据此认为他们都是上接孟子，继承道统，从而为自己的思想提供合法性。李贽认为这种说法大谬不然，他辛辣地驳斥说："自秦而汉而唐而后至于宋，中间历晋以及五代，无虑千数百年，若谓地尽不泉，则人皆渴死久矣；若谓人尽不得道，则人道灭矣，何以能长世也？终遂泯没不见，混沌无闻，直待有宋而始开辟而后可也。何宋室愈以不竞，奄奄如垂绝之人，而反不如彼之失传者哉？"对于道学家提倡的"正心诚意"之说，李贽也进行了辛辣的讽刺。史书记载，道学家程颐有一次坐船渡江，船几倾覆，船上之人一片号哭，而程颐却正襟危坐仿若无事，别人问他为何心无恐惧，程颐答道："心存诚敬耳。"道学家往往以此类故事宣扬他们的学说，但李贽却认为这纯粹是"胡说"。《藏书》实际上是对作为官方正统学说的宋明道学的否定，是对现实社会的批判。因此，与《焚书》的命运一样，《藏书》也遭到了毁版查禁。

万历二十七年冬天，河漕总督刘东星约请李贽到山东济宁。其后李贽又回到麻城，再次受到当地官绅的迫害。听到当地官员要逮捕他的传闻时，李贽毫不屈服，表现出顽强的战斗精神。他在给朋友的信中说，"欲以法治我则可，欲以此吓我他去则不可"，"我若告饶，则不成李卓老矣"，"故我可杀不可去，我头可断而身不可辱"。当地官员最终将李贽居住的芝佛院拆毁，迫使他离开麻城。万历二十九年春天，李贽与朋友马经纶同到北京附近的通州，留宿于马家。李贽此行原是为了躲避麻城官员的迫害，没想到的是，京城中的官员又趁机上奏弹劾李贽。

时任礼科给事中张问达在给万历皇帝的奏疏中说："李贽壮岁为官，晚年削发，近又刻《藏书》《焚书》《卓吾大德》等书，流行海内，惑乱人心。……狂诞悖戾，不可不毁。尤可恨者，寄居麻城，肆行不简，与无良辈游庵院，挟妓女，白昼同浴，勾引士人妻女，入庵讲法，至有携衾枕而宿者，一境若狂。又作《观音问》一书，所谓'观音'者，皆士人妻女也。后生小子，喜其猖狂放肆，相率煽惑。……近闻贽且移至通州。通州距都下三十里，倘一入都门，招致蛊惑，又为麻城之续。望敕礼部，檄行通州地方官，将李贽解发原籍治罪。仍檄行两畿及各布政司将李贽刊行诸书并搜简其家未刻者，尽行烧毁，毋令贻祸后生，世道幸甚。"疏中不仅诋毁李贽思想狂悖，还诬蔑其行为不检，真是"欲加之罪，何患无辞"。明朝政府当即下令逮捕李贽，烧毁其所有著作。万历三十年，李贽被捕。审讯的官员问他"何以妄著书"，李贽答道："罪人著书甚多，具在，于圣教有益无损。"不久，李贽在狱中剃发，趁侍者离开之际，以剃刀割喉自刎。李贽并未立刻死去，侍者回来后问他为何自杀，他用手指在侍者手心写道："七十老翁何所求。"两天后，李贽去世，其友马经纶遵从其遗愿将其葬于通州城北。

（邓少平）

叶向高

叶向高（1559—1627），字进卿，号台山，福建福清人。父叶朝荣，曾任广西养利州知州。叶向高生于明世宗嘉靖三十八年（1559），据说他出生的时候，其母正躲避倭寇之难，在道旁一所破败的厕所中将其产下。叶向高于明神宗万历十一年（1583）中进士，被授予翰林院庶吉士之职，不久进翰林院编修。后迁南京国子监司业，改任左中允，仍负责司业之事。万历二十六年征召为左庶子，充任皇长子朱常洛的侍班官。时值朝廷派矿监四出征收矿税，叶向高上疏援引东汉官舍西邸聚积钱财的事情为鉴，但未得到批复。次年擢为南京礼部右侍郎，后改任南京吏部右侍郎。叶向高再陈矿税之害，又请求罢免辽东税监高淮。万历三十一年末发生"妖书案"，叶向高写信给沈一贯极力规劝，使沈一贯感到很不高兴，因此叶向高滞留南京未得升迁长达九年。万历三十四年，大学士沈一贯、沈鲤相继被免，内阁只剩下朱赓一人。次年五月，叶向高被擢为礼部尚书兼东阁大学士，与王锡爵、于慎行、李廷机同时入阁。十一月叶向高入朝时，于慎行已经去世，王锡爵坚辞不出。万历三十六年，首辅朱赓去世，次辅李廷机长期闭门不出，叶向高于是就成为首辅。

此时，万历皇帝在位已近40年，倦于勤政，朝事废弛，官僚机构的运转问题重重，君民隔阂颇为严重。朝廷内部朋党营私,而宦官四出征税、开矿,危害百姓。叶向高宿有声望,居宰相之位,忧国奉公,主持政事尽心尽力。万历皇帝虽然内心很尊重他,表面上对待他也很优厚,但是他的意见只有十之二三被采纳。万历皇帝十分宠爱郑贵妃,其子福王朱常洵久留京师,不肯到自己的封国去。而太子朱常洛辍讲已达五年,万历三十七年二月,叶向高向皇帝请求恢复给太子讲学,万历皇帝却未曾答复。太子生母贵妃王氏死了四天还不发丧,在叶向高的建议下才发丧。福王朱常洵的府第建成后,叶向高请求皇帝让福王回国,皇帝也没有采纳。锦衣百户王曰乾妖言惑众,上奏挑拨太子与福王的矛盾,万历皇帝看后深感棘手。叶向高主张对此事严加审问,并将奏疏留中,以免激化皇室内部各方矛盾。同时,叶向高建议福王赶快到他的封国去,以免引起众人非议。最终,万历皇帝在不得已的情况下采纳了叶向高的建议。万历四十二年(1614)三月,福王离开京师前往封国洛阳。从这一事件可看出叶向高富有裁断,善于处理大事。万历皇帝也为平定父子兄弟之间的疑虑而深感快慰。

叶向高曾上疏指陈明朝政治的弊端,他说:"今天下必乱必危之道,盖有数端,而灾伤寇盗物怪人妖不与焉。廊庙空虚,一也。上下否隔,二也。士大夫好胜喜争,三也。多藏厚积,必有悖出之衅,四也。风声气习日趋日下,莫可挽回,五也。非陛下奋然振作,简任老成,布列朝署,取积年废弛政事一举新之,恐宗社之忧,不在敌国外患,而即在庙堂之上也。"他认为国家的危险不在于天灾盗贼，而在于官职空缺、政情阻塞、官员内斗、以公谋私、道德沦丧及世风日下。他希望皇帝振作起来，任用老成之人，更新废弛之政，重兴大明王朝。可是，万历皇帝并不能实行他的建议，叶向高因此多次上奏请求辞官归里，然而都没有得到皇帝的准许。叶向高在奏疏中说："臣屡求去，辄蒙恩谕留。顾臣不在一身去留，而在国家治乱。今天下所在灾伤死亡，畿辅、中州、齐、鲁流移载道，加中外空虚，人才俱尽。罪不在他人，臣何可不去。且陛下用臣，则当行其言。今章奏不发，大僚不补，起废不行，臣微诚不能上达，留何益？诚用臣言，不徒縻臣身，臣溘先朝露，有余幸矣。"又说："自阁臣至九卿台省，曹署皆空，南都九卿亦止存其二。天下方面大吏，去秋至今，未尝用一人。陛下万事不理，以为天下长如此，臣恐祸端一发，不可收也。"万历四十年，万历皇帝在位已四十年，叶向高以为从三代迄今历代帝王享国四十年以上的才十人，他趁机奉劝皇帝力行新政，任用贤人。可是皇帝仍然无动于衷，叶向高知道无法实现自己的抱负，再次向皇帝请求辞官，然而还是未得到皇帝的准许。叶向高上奏说："臣进退可置不问，而百僚必不可尽空，台谏必不可尽废，诸方巡按必不可不代。中外离心，辇毂肘腋间，怨声愤盈，祸机不测，而陛下务与臣下隔绝。帷幄不得关其忠，六曹不得举其职，举天下无一可信之人，而自以为神明之妙用，臣恐自古圣帝明王无此法也。"

万历三十六年首辅朱赓去世之后，内阁中实际只有叶向高一人，他即多次向万历皇帝奏请增加阁臣，但皇帝都没有听从。万历三十九年，叶向高生病期间，因内阁无人，章奏全部送到他家中由其拟旨，时间长达一月。万历四十一年，叶向高主持癸丑会试，章奏便被送到考场中由其拟旨，时人都以为异事。叶向高请求增加阁臣之章奏百余上，万历皇帝才命方从哲、吴道南入阁。万历四十二年三月福王之国后，叶向高又十余次上奏乞归，到八月时终于获得皇帝许可。叶向高以三年考绩，晋升为太子太保、文渊阁大学士；因延绥战功，加封少保兼太子太保，改任户部尚书，进武英殿；一品官三年期满，加封少傅兼太子太傅，改任吏部尚书，进建极殿。至辞官时，万历皇帝下令加封少师兼太子太师，赐白金百两、彩帛四件，表里大红坐蟒一袭，派遣行人护归。

叶向高在任内阁首辅期间，非常注意协调官员之间的意见纠纷，主张求同存异。当时党派之争已经十分严重，御史郑继芳极力攻击给事中王元翰，朝廷官员围绕在他们身边形成角逐之势。叶向高请求将他们互相攻击的奏疏下发，令部院评定其中是非曲直，处罚颠倒是非的一两个人，以儆其余。万历皇帝对此事没有批复，朝廷官员既然不知孰对孰错，更加树立朋党互相攻击。不久，因争论李三才之事，朝廷党争之势于是形成。在东林书院讲学的顾宪成写信给叶向高与尚书孙丕扬，力辩李三才之贤。恰值辛亥年（1611）考察京官，攻击李三才的刘国缙因为其他过失登在考核名册上，乔应甲也因为年例派往外地，其同党大哗，以为这是对他们的打击。叶向高由大局出发处理此事，考察京官的事情得以未受扰乱，但是两党争斗于是呈现不可调解之势。此后，齐、楚、浙党人攻击东林党不遗余力。直至天启年间，王绍徽等撰写《东林点将录》，令魏忠贤按姓名驱逐朝臣。因为叶向高曾祖护东林党人，遂被指名为东林党党魁。

泰昌元年（1620），光宗朱常洛即位，特下诏令叶向高还朝。一个月后，光宗去世，熹宗朱由校即位，又下诏催促他还朝。天启元年（1621）十月，叶向高终于回到北京，署吏部尚书兼内阁大学士，再次成为首辅。叶向高向新皇帝上奏，提醒新皇帝慎重对待诏书草拟之事："臣事皇祖八年，章奏必发臣拟。即上意所欲行，亦遣中使传谕。事有不可，臣力争，皇祖多曲听，不欲中出一旨。陛下虚怀恭己，信任辅臣，然间有宣传滋疑议。宜慎重纶音，凡事令臣等拟上。"叶向高此言目的在于奉劝新皇帝防止宦官代拟诏书。熹宗执政之后，任用了一大批贤能的官吏，整个国家欣欣向荣，气象日新。然而皇帝毕竟才15岁，对于忠臣和佞臣无法辨别。宦官魏忠贤趁机逐渐窃取了国家大权，蒙蔽主上，独断专行，打击异己，败坏朝政。魏忠贤首先弹劾东林党支持者太监王安，使其遭到外放的惩罚，后被魏忠贤同党所杀。魏忠贤又陆续排挤掉吏部尚书周嘉谟与言官倪思辉等人，大学士刘一燝也极力请求去职。叶向高为此上疏为刘一燝辩护，这引起了魏忠贤的忌恨。不久，刑部尚书王纪、礼部尚书孙慎行、都御史邹元标先后被排挤离职。叶向高为他们辩护无果，因此请求与邹元标一起去职。皇帝没有接受，魏忠贤从此更加忌恨叶向高。

叶向高为人光明忠厚，德行端正，对善良之人常常施以援助。虽然对年幼的皇帝不能直谏如明神宗时，但是仍然多次匡正补救皇帝的过失。给事中章允儒请求减少上供袍服，太监激皇帝发怒，命令对他施以廷杖。叶向高两次上疏营救，最终章允儒被夺俸一年。御史帅众指斥宫廷事务，太监请求皇帝将其外放，因为叶向高营救得以幸免。给事中傅魁因营救王纪将遭贬职，也因为叶向高的上疏而得以只受罚俸的处罚。王纪罢免后，因御史吴甡、王祚昌的举荐，部议以原官职召回。魏忠贤对此颇为愤怒，准备从重处罚文选郎，又因叶向高之营救使他得以幸免。给事中陈良训上疏嘲讽有权势的宦官，魏忠贤摘取其奏疏中"国运将终"一句，命令将他下狱，并穷治主使之人。叶向高以辞官相争，陈良训得以只受夺俸的处罚。熊廷弼、王化贞论罪当死，言官奉劝皇帝尽快处决。叶向高请求等待法司复核之后再做决定，皇帝听从了。有人请求搜刮全国各省、府、州、县仓库储蓄，将其全部运到京师，叶向高进言说："城邑库藏已经穷尽了，藩王仓库还稍有盈余。倘若全部搜刮尽了，猝然有如山东白莲教叛乱一类的事件，怎么去对付呢？"皇帝于是没有采纳此人的建议。

魏忠贤对叶向高心怀怨恨，其时廷臣与魏忠贤抗衡的都倚靠叶向高，魏忠贤于是经常因为一些琐事责备叶向高，使他困辱。叶向高因此多次请求辞职。天启四年（1624）四月，给事中傅魁弹劾左光斗、魏大中勾结汪文言，利用职权接受贿赂，下诏命令将汪文言下狱。叶向高上奏说："汪文言在内阁办事是我提名的。左光斗等勾结汪文言之事不知有无，而我任用汪文言却是显然的。请求陛下只处罚我一人，而稍稍宽免其他人，以消除官员内斗的祸害。"叶向高极力要求皇帝尽快罢免自己。此时，魏忠贤正想独专朝政，但害怕在朝的众多正人君子，所以一直在等候时机。得到傅魁的奏疏后，魏忠贤内心窃喜，欲借此罗织东林党人的罪名，终因忌惮朝廷旧臣叶向高，没有对左光斗等人定罪，只处罚了汪文言一人。然而东林党的灾祸却从此开始了。这年六月，杨涟上疏弹劾魏忠贤，历数其二十四大罪状。叶向高认为如此下去，事情就要到达不可收拾的地步，考虑到除掉魏忠贤并不是轻而易举之事，如果自己从中斡旋，还可以不至酿成大祸。叶向高于是上疏说，魏忠贤为国勤劳，朝廷尊宠甚厚，位高权重难以胜任，应解除其职权，听其归家，颐养天年。魏忠贤得知此事后非常愤怒，但因外廷势力还很强盛，并未敢加害叶向高。在同党中人的怂恿之下，魏忠贤才下定决心制造大案。此时，工部郎中万燝因弹劾魏忠贤遭受廷杖，叶向高极力营救不果，万燝死于杖下。不久，御史林汝翥也因为忤逆宦官的命令而遭受廷杖，他在惊慌失措之际逃到北直隶遵化巡抚驻所。传言林汝翥是叶向高的外甥，宦官们于是围在叶向高的府第四周大声鼓噪。叶向高至此终于看清自己对国事实已无能为力，坚决请求辞官归里。皇帝接受了他的请求，命令加封为太傅，赏赐大量财物，派遣行人护送回家。不久叶向高又辞去太傅之职，每月由官府给米五石，轿夫八人。

叶向高离任后，韩爌、朱国祯相继成为首辅，不久都被罢免。从此，魏忠贤及其党人占据要职，全面把持朝政，东林党人在朝廷彻底失去依靠。天启五年（1625），魏忠贤诬陷杀死了副都御史杨涟，佥都御史左光斗等人也相继被害，朝廷中的异己都逐渐被排挤出去，大明王朝一片黑暗。天启七年八月，熹宗驾崩，叶向高也于是月去世，享年69岁。

叶向高著述甚多，其中比较重要的有《苍霞草》二十卷、《苍霞续草》二十二卷、《苍霞余草》十四卷、《苍霞诗草》八卷、《纶扉奏草》三十卷、《续纶扉奏草》十四卷、《后纶扉尺牍》十卷。书中收录了叶向高所作诗文、奏章、书信等，内容非常丰富，对研究明代政治具有较高参考价值。收在《苍霞草》中的《四夷考》又有八卷单行本，记录了明朝与周边国家的交往，具有特殊的价值。叶向高还主持了《光宗实录》的编修，另有自编年谱《蘧编》。

（邓少平）

曹学佺

曹学佺（1574—1646），字能始，号雁泽，又号石仓居士、西峰居士，福建福州府侯官县洪塘乡（今福州仓山区建新镇洪塘村）人。明代著名的官员、学者、诗人、藏书家。他一生好学，对文学、诗词、地理、天文、禅理、音律、诸子百家等都有研究，尤工于诗词。精通音律，擅长度曲，曾谱写了闽剧的主要腔调"逗腔"，被认为是闽剧始祖之一。

明万历二年（1574），曹学佺出生于福州侯官县洪塘乡的一个小商贩家庭。父曹极渠，以卖饼为生，母亲早逝，家庭贫寒。曹学佺自幼聪慧，11岁，习举子业，工诗能文，早岁便有才名。18岁，入府学，其才学兼优，俱冠诸生。明万历十九年中举人，当时诸考官批阅曹学佺试卷时，都忍不住拍案叫绝，连连称奇道"此童子郎大奇士也"，学佺的文名很快传遍乡里。中举后第二年，即明万历二十年，19岁的曹学佺进京参加会试，未料落第而归。但是会试的失败，并没有使曹学佺心灰气馁。他继续苦心研习，"口不绝吟于六艺之文，手不停披于百家之编"，学业大有长进。是年，经林世璧（龚用卿长婿）引荐，曹学佺娶龚用卿之女为妻。当时龚用卿已辞官在家，借助他的关系，学佺得以结识乡绅名流。

明万历二十二年冬，曹学佺再赴北京备考次年的春闱考试，并有机会和诸多名士交流。在明万历二十三年乙未科会试中，他以二甲五十名考取进士。会试时，策问"车战"，答曰："臣南人也，不谙车战，请以舟战论。"因而详陈舟战之法。考官张位奇其才，初定第一，因不能破例，改为第十名，授户部主事。古有"三十老明经，五十少进士"之说，曹学佺22岁考取进士，这在当时是极为少有的，因此他被时人称为文章、科第、少年三绝。

曹学佺对于当时的考官张位一直心存感激，后来张位被罢官，其门生故吏不敢前往看望，独有曹学佺带许多干粮赶往码头为之送行。事为执政所闻，遂摘取曹学佺会试卷中言论，斥为"险怪不经"，最后被调任南京天柱大理寺左寺正的闲职，之后又任南京户部郎中。在任闲职七年间，曹学佺潜心学术，声望甚隆。著有《金陵初稿》与《金陵集》，并与当世著名学者李贽、焦竑、谢肇淛、董应举，以及意大利传教士利玛窦等交往甚密。

明万历三十七年（1609），曹学佺任四川右参政。当时，四川发生灾荒，曹学佺设厂煮粥，赈济饥民，又将饥荒情况绘图上报，获准发放300万两赈济款，"蜀人诧为二百年未有之殊恩"。当时四川有行、坐二税，行税取自商贾，坐税取自百姓。饥荒后百姓多逃亡，坐税无所出，曹学佺以历年行税盈余抵作本年坐税，使百姓免受交税之苦，而贪官污吏却因少了搜刮机会而生怨。蜀王府毁于火灾，蜀王要地方官筹资70万两修复王府，曹学佺援宗藩条例予以拒绝。四川道路险绝，曹学佺集资修复不少道路、桥梁，受到百姓的好评。

明万历三十九年，曹学佺升任四川按察使。明万历四十一年考绩，因得罪蜀王为其所谤，削官三级，获罪而归。临行之前，蜀中民众遮道挽留，数日不散，几不得发。是年，曹学佺回籍，在故乡洪塘建石仓园，藏书万卷。时常邀请文友，赋诗会文，谈今论古，并创"儒林班"，《明史》称"万历中，闽中文风颇盛，自学佺倡之"，实与曹学佺在石仓园的活动密不可分。

明天启二年（1622），曹学佺被起用为广西右参议，他刚直不阿、不惧权贵、为官清廉、勤政爱民。桂林宗室素来骄横，常有不法行为，学佺执法不阿，遇宗室犯法者，即命主管官吏究治；又亲自反复开导，使宗室肃然奉法。有人倚仗宗室势力，私铸钱币，曹学佺严逮问罪，不稍宽纵，私铸之风遂敛。钱局舞弊营私，两年中赢利仅千余金，经曹学佺订立制度，严加管束，一年获利五千金。广西少数民族众多，官吏、差役敲诈勒索，驻军责供给酒食，骚扰不已，经常激起民变，曹学佺对官吏、差役严加约束，改置营镇于他处，严禁驻军骚扰，局势很快恢复安定。

明天启六年秋，曹学佺迁陕西副布政使，尚未赴任，突生变故。事因其在所著《野史纪略》中直书"梃击案"本末，魏忠贤党羽刘廷之挟嫌劾之，谓"私撰国史，淆乱是非"。曹学佺被囚禁70天后削职为民，《野史纪略》书版亦被毁。

明崇祯元年（1628），曹学佺又被起用为广西副使，称疾，力辞不就。此后，他居家近二十年，虽为一介布衣，却时刻心系苍生。当时，福建沿海海盗猖獗，曹学佺针对当时海防懈怠，容易使外寇有隙可乘的状况，上书当局，请求在闽江口外的梅花、双龟一带，屯兵建堡，与民共守。又条陈九项建议，略言驱逐妖术，勿乱军心，加强卫所训练和防备力量，使倭寇无可乘之机，百姓从此安居乐业。曹学佺还热心家乡公益事业，曾筹资疏浚城内外河道和西湖，并建造洪山、万安、桐口三桥，乡人在洪山桥头立祠以祀。

明崇祯十年（1637），曹学佺与徐兴公、董崇相、陈惟秦等人，在福州组织三山耆社，广交名士，诗友唱和，著述不辍，大大促进闽中诗坛的复兴。明崇祯十七年，李自成起义军攻入北京，明思宗自缢。曹学佺闻讯，投池自杀，为家人所救。

清顺治二年（1645），唐王朱聿键入闽，建立南明隆武政权，授学佺为太常寺卿，与大学士黄道周共参国政。不久迁礼部侍郎兼侍讲学士。以纂修《崇祯实录》，晋礼部尚书，加太子太保。当时诸事草创，朝中大事由曹学佺和大学士黄道周参决。清顺治三年，力赞隆武帝亲征收复失地，因年迈不能从行，便捐银万两助饷。同年八月，隆武帝亲征失败。清军于当年进入福建，郑芝龙降清，隆武帝在逃亡汀州的途中被俘，绝食而死。九月十七日，清军攻陷福州，次日，曹学佺香汤沐浴，整饬衣冠，在西峰里家中自缢殉国，死前留下绝命联："生前单管笔，死后一条绳。"

另有说法称他是在鼓山涌泉寺自缢的，时年73岁。曹学佺死后，其家被清兵所抄，家人也遭逮捕，藏书被清军抢光。清乾隆十一年（1746），即曹学佺逝世一百年之后，清政府追谥他为"忠节"。后人称他为"曹忠节公"，《明史》为其立传。

曹学佺一生著书多达30多种，著有《周易可说》七卷、《书传会衷》十卷、《诗经质疑》六卷、《春秋阐义》十二卷、《春秋义略》三卷、《蜀中人物记》六卷、《一统名胜志》一百九十八卷、《蜀汉地理补》二卷、《蜀郡县古今通释》四卷、《蜀中风土记》四卷、《方物记》十二卷、《蜀画记》四卷、《蜀中神仙记》十卷、《蜀中高僧记》十卷、《石仓诗文集》一百卷、《石仓十二代诗选》八百八十八卷、《蜀中诗话》四卷，另外还有《宋诗选》四十九卷，等等。

曹学佺工于诗词。他与徐𤊹、谢肇淛等人在诗文上颇有建树，并带动了自明朝中期以来沉寂的闽中文坛，被认为是明末福建文苑的复兴者。他与李贽、焦竑等学者都有交往，这两人对他的思想影响很大。同时他也接受了许多佛教思想。他将佛教的出世解脱和儒家的入世精神统一起来，因而其思想开阔，虽然在官场多年，但功名之心并不太深，内心追求幽静。作为闽中诗派的核心人物，曹学佺在明诗渐趋卑下、雅正荡佚之际，以救弊、清新、超俗、飘逸的诗风振兴了闽中诗坛，使闽诗风雅复振，成就了整个闽中诗坛的可持续发展。

曹学佺《石仓十二代诗选》又名《石仓历代诗选》，所收时限上至汉代，下迄明末，时间跨度长达1600多年，具有重要的史料价值。

在地理学方面，曹学佺撰有《大明一统名胜志》《舆地名胜志》《蜀中广记》《燕都名胜志稿》等地理学著作，其中《舆地名胜志》是一部具有方志意义的地理学著作，其按各地名胜独立分卷，终连缀一体而成，及区域之广多达15个省份，具有极高的史料价值。贵州博物馆在翻印《贵州名胜志》的说明中，提及"本志虽为名胜志，但所涉及内容，有各府、州、县、卫之建置、沿革、疆里及土司等"。因此，曹学佺又为我国地方文献书目的产生、发展及壮大做出了巨大的贡献。他在书画方面也颇有造诣。据称，在林则徐的福州府第"七十二峰楼"的大堂中，悬挂的就是曹学佺的《贞松图》。

曹学佺一生藏书丰厚，作为典型的儒家知识分子，他对中华民族源远流长的传统文化典籍关爱有加，私人藏书量达到上万卷，储于汗竹斋，著有《汗竹斋藏书目》。福建籍藏书家徐𤊹在评价福建籍三位藏书家藏书特点时曾说："予友邓参知原岳、谢方伯肇淛、曹观察学佺，皆有书嗜。邓则装潢齐整，触手如新；谢则锐意搜罗，不施批点；曹则丹铅满卷，枕籍沉酣"，说明曹学佺除了对藏书进行校勘精审外，对书的利用程度亦较高，眉批夹注、丹铅满卷。曹学佺曾感于"二氏有藏，吾儒无藏"，欲修《儒藏》与之鼎立。于是，采撷四库书，因类分辑，历时十余年，虽因明亡而无功中辍，但其首倡"儒藏"说直接推动了乾隆三十七年《四库全书》的编撰。

此外，曹学佺还精通音律，创研"逗腔"，他所创建的"儒林班"，是闽剧的前身。由于曹学佺为闽剧的诞生与发展做出了卓越的贡献，所以四百多年来他一直被闽剧界尊为闽剧之父。

曹学佺一生经历明万历、天启、崇祯三朝，历官户部主事、南京大理寺左寺正、南京户部郎中、四川右参政、按察使、广西右参议、唐王礼部尚书等职。作为士大夫，儒家立功立德、治国平天下的使命意识，早已植根于曹学佺的灵魂深处，并内化为一种崇高的自我价值期许，使他无论身在庙堂，还是栖身林下，都身怀忧国忧民之心。在任时，本着"为官一任，造福一方"的执政理念，对百姓关爱有加，对贪官污吏则横眉冷对。在国运颓废，皇帝昏聩，奸臣当道，朝政日非的晚明时代，为官者如履薄冰，大臣们都明哲保身，对社会丑恶现象无人敢言。曹学佺不计个人安危得失，与不法贵戚做斗争，表现出无私无畏的凛然正气。在四川和广西任内，曹学佺不畏权贵，秉公执法。当他掌握了地方权贵贪赃枉法的事实后，不徇私情，以法究治，最终使徇私枉法者受到了应有的惩罚。

曹学佺具有强烈的民族气节和爱国情操，当国破家亡之际，视死如归，以身殉国。他生活的时代，正是明代历史上最腐败、最黑暗的年代。帝王昏庸、朋党树立、宦官专权、边患严重，整个明王朝处于风雨飘摇之中。曹学佺性存忠孝、尚气节、贱流俗、不媚权势、清直敢言。在三十多年的宦海生涯中，数度沉浮，屡受挫折。尽管他是明王朝政治腐败的受害者，但对明王朝却依然忠心耿耿，老而弥坚。清朝打定天下后，他守节不移，以身殉国，宁为玉碎，不为瓦全，充分展示了他孤忠劲直的崇高气节与无畏生死、舍身赴义的英勇气魄。

曹学佺作为明末清初的著名历史人物，不仅以气节高峻赢得人们的尊敬，以事功卓著赢得世人的称颂，也以学问广博、著作丰厚而赢得后代的景仰。事业文章，随身销毁，而精神万古如新；功名富贵，逐世转移，而气节千载一日。中国知识分子自古就有立功、立德、立言"三不朽"之说，而真正能够实现者却寥若晨星，曹学佺就是其中之一。

（张春兰）

黄道周

黄道周（1585—1646），字幼玄、幼平、螭若、螭平，号石斋，福建漳浦铜山（今东山县铜陵镇）人。明末学者、书画家、文学家、儒学大师、抗清英雄。黄道周多才多艺，知识渊博，在经学、理学、易学、中医、博物学、书法艺术、天文历算、乐律堪舆等方面都颇有造诣。他历官翰林院修撰、詹事府少詹事。南明隆武时，任吏部尚书兼兵部尚书、武英殿大学士（首辅）。因抗清失败被俘，清康熙三年（1646）壮烈殉国。隆武帝赐谥"忠烈"，追赠文明伯。清乾隆年间改谥"忠端"。清道光四年（1824），从祀孔庙。

明万历十三年（1585）二月初九，黄道周出生于漳浦县铜山所（今东山县铜陵镇）深井村的一家石室里，故学者又称他为"石斋先生"。他自幼聪颖好学，5岁入小学就读，过目成诵。始读《论语》竟能针对书中的句子问老师"圣人只教人以读书，有子何教人以孝弟；圣人只教人以老实，曾子何教人以省事"，这一问竟然把老师给难住了。道周从小善文章，青少年时期游学广东博罗一带，曾应邀游罗浮山，当场作《罗浮山赋》，一鸣惊人，遂有"闽海才子"之誉。道周家贫，青年时代曾耕于铜山之下，过着半耕半读的生活。后来他在诗中写道："忆昔亲在时，四畦少遗穗。吾兄日拮据，手口俱憔悴……闲助兄把锄，辄十指出血。"这段困苦的生活，使他很早就接近劳动人民，深知下层民众的疾苦。25岁携母迁居漳浦县城,其后在县城东郊的东皋闭门隐居,读书著作。

明天启二年(1622),38岁的黄道周中进士,与倪元璐、王铎同科。天启朝时任翰林编修、经筵展书官,崇祯朝时任翰林侍讲学士、经筵展书官。黄道周感念考官袁可立的赏识,为先师作《节寰袁公传》,记述其一生坎坷多艰的为官历程。袁可立是明末著名的抗清主战派将领,明万历年间曾因直言进谏被万历皇帝罢官回籍二十六年,他对黄道周一生影响很大,后来黄道周为钱龙锡辩冤和反对杨嗣昌议和直谏皇帝二事,都颇具先师袁可立刚直之风。

天启年间正是明代阉党祸害达到登峰造极的时期,以魏忠贤为首的阉宦,左右朝政,横行一世。道周对魏忠贤弄权乱政非常不满,但他几次上书都没有结果,便于明天启五年弃官归乡。明崇祯三年(1630),道周被重新任用,官复原职。迫于舆论的压力,崇祯皇帝杀了魏忠贤,但执掌大权的周延儒、温体仁仍是阉党分子,他们继续逆行倒施、排斥异己,置国家民族的利益不顾。他们恶意诬陷宰相钱龙锡,举朝无敢出一言者。唯黄道周激于义愤"中夜草疏,排闼叩阍",为钱龙锡辩冤。疏中直指崇祯的过失:"今杀累辅,徒有损于国"。崇祯帝大怒,"以诋毁曲庇",着令回奏。黄道周再疏辩解,最终官降三级。由于他据理争辩,钱龙锡方得不死。明崇祯五年正月,黄道周因病请求归休。将离京时,又上疏指出:"小人柄用,怀干命之心",以致"士庶离心,寇攘四起,天下骚然,不复乐生",

建议崇祯帝"退小人，任贤士"，并举荐一批有才有志之士。疏上，获"滥举逞臆"之罪，削籍为民。

明崇祯七年，道周回到故乡漳浦，守父母之墓于北山。同时，开始撰文著述，授业讲学。道周虽不在庙堂，却时刻心系国家。他从汉到宋这段历史中，选取诸葛亮等十二名贤的事迹，在明代中，选取杨文员等二十四人的行事，编辑成《懿畜前编》和《懿畜后编》共六卷，以供弟子们平时阅读。其目的在于说明治理国家的根本、掌握政治的要领，以及纲常大义的微旨。

明崇祯九年，崇祯又想起黄道周，下诏复官。道周不改初衷，一到京就申明自己此次复官不是为了谋求个人功名利禄，改变过去的立场而来。对那些贪图享乐的邪臣、卖国求荣的奸贼恨之入骨，继续给予无情打击，同时极力举荐有真才实学的人。对于崇祯皇帝道周也敢于发表己见，甚至当面辩驳。明崇祯十一年，黄道周指斥大臣杨嗣昌等私下妄自议和。七月初五，崇祯帝就此在平台召开御前会议，黄道周"与嗣昌争辩上前，犯颜谏争，不少退，观者莫不战栗"。崇祯帝袒护杨嗣昌，斥黄道周："一生学问只办得一张佞口！"道周高声争辩："忠佞二字，臣不敢不辩。臣在君父之前独独敢言为佞，岂在君父之前谗谄面谀者为忠乎？"他厉声直逼皇上："忠佞不分，则邪正混淆，何以治？"这场有名的辩论之后黄道周被连贬六级，调任江西按察司照磨。明崇祯十三年，江西巡抚解学龙有感于道周的才能和学识，向朝廷举荐黄道周。解学龙说："我明道学宗主,可任辅导(相)。"崇祯一听大怒,下令逮捕二人入狱,以"伪学欺世"之罪重治。由于几位大臣力谏,遂改为廷杖八十,永远充军广西。此番杖谪,使黄道周声名愈重,"天下称直谏者,必曰黄石斋"。

明崇祯十四年,杨嗣昌暴病而亡。崇祯回想起黄道周当初的预言,便下旨将黄道周复官,入京召见。此时,河南已被李自成农民军攻占,关外大明领土也皆被清军占领,黄道周见朝廷昏庸无道,国运已尽,遂告病辞官,回到老家福建漳浦,结庐先人墓侧,专心著述。

明崇祯十七年,李自成攻占北京,崇祯帝自缢煤山(景山)。消息传到江南后,明朝陪都南京的文武大员拥立福王朱由崧在南京即位称帝,年号弘光。弘光政权建立后,召黄道周入京,任吏部侍郎,后升任礼部尚书。黄道周本来对弘光政权并不抱什么希望,但从国家利益和做人的道义出发,抱着"老臣拼尽一腔血,会看中原万里归"的决心,还是赴京上任。清顺治二年(1645)南京沦陷,弘光政权灭亡。

清顺治二年,唐王在福州称帝,改元隆武,赐黄道周为礼部尚书、武英殿大学士,郑芝龙为平国公,郑鸿逵为定国公。黄道周怀着匡复明朝的抱负,希望能和武臣郑芝龙、郑鸿逵兄弟合作,整顿朝纲,出师北伐,收复失土,却遭郑氏排斥。黄道周不顾势单力薄,怀着以一苇独斗狂澜的气概,毅然决定率师北伐。他上书隆武帝:"臣以国耻未雪,中夜抚心,思圣垂谕之言,一字一泪一血,是以奋不自量，务请行边。而旁观侧目，姗笑诋讥，臣茫茫无觉，犹聋马思钟，哑蝉操琴，了不知其意何在。"隆武帝赞许黄道周的壮举，而兵权在握的郑芝龙却多方阻挠，不给军队，不给粮草和兵器。隆武帝爱莫能助，只给了几十道空札和手书，给予便宜行事，实际上没有发一兵一饷给道周。黄道周亲自招募士卒一千多人，带领士卒和门生从福州出师。

八闽父老闻讯纷纷送子弟前来参战，沿途各地志士纷沓而至，部队很快就扩充到四五千人，最多时达几万人。义师出关，向徽州进发，兵分三路，一出抚州，一出婺源，一出休宁，并在牛头岭与清军交战。首战告捷，极大地鼓舞了军民的斗志，但一些人也由此滋长了轻敌情绪。他们违背黄道周"师寡切不宜分，当并力一路"的作战方针，在胜利之后反而分兵深入，导致休宁、婺源、抚州作战相继失利，损失惨重。但黄道周仍然义无反顾，勇往直前，终因寡不敌众，不幸在婺源被俘。黄道周被俘后，清军以为，得一忠义之士，胜得数州土地，遂用各种手段诱降，但他誓不投降，多次以绝食表示反抗，并呵斥前来劝降的洪承畴、陈谦之流。

清顺治三年三月五日，黄道周就义，临刑前，道周盥洗更衣，取得纸墨，画了一幅长松怪石赠人，并给家人留下了遗言："蹈仁不死，履险若夷；有陨自天，舍命不渝。"就义之日，其老仆哭之甚哀，道周安慰他说："吾为正义而死，是为考终，汝何哀？"乃从容就刑。黄道周因抗清死节，大义凛然，至东华门刑场上，向南方再拜，并撕裂衣服，咬破手指，留血书遗家人："纲常万古，节义千秋；天地知我，家人无忧。"临刑前大呼："天下岂有畏死黄道周哉？"最后头已断而身兀立不仆，死后，人们从他的衣服里发现"大明孤臣黄道周"七个大字。其门人蔡春落、赖继谨、赵士超和毛玉洁同日被杀，人称"黄门四君子"。

讣讯传至福建，隆武帝"震悼罢朝"，特赐谥"忠烈"，并令在福州为黄道周立"闵忠"庙，树"中兴大功"坊；另在漳浦立"报忠"庙，树"中兴荩辅"坊，春秋奠祭。百年后，乾隆为褒扬黄道周忠节，改谥"忠端"；清道光四年（1824），旨准黄道周从祀孔庙。

黄道周工书善画，隶、行、草、楷无所不通，皆自成一家。他的行书和草书行笔转折刚劲有力，体势方整，书风雄健奔放。他草书的主调有力量，又有姿态。隶书铺毫和方折行笔，点画多取隶意，字虽长，但强调向右上横势盘绕，让点画变得绵而密，虽略带习气，但奇崛刚劲，形成了自己独特的形式语言，尤显出其人刚直不阿的个性。其立轴代表作有行草书《赠蕨仲兄闻警出山诗轴》《闻奴警出山诗轴》等，两作均加大行距，以连绵草书而成，有奋笔直下之势，激情燃纸，振迅耳目，如闻钟声、蹄声于道。他的楷书主要学习钟繇，比起钟繇的古拙厚重来，更显得清秀、飘逸。他的楷书作品《孝经卷》《张溥墓志铭》，字体方整近扁，笔法健劲，风格古拙质朴，类似钟繇楷法。不同处是，钟书于古拙中显得浑厚，黄书则见清健，可以看到其受王羲之楷法的影响。他的行草书，如《五言古诗轴》，大略类其楷书的体势，行笔转折方健，结字欹侧多姿，朴拙的风格同样接近钟繇。

黄道周治学严谨、著作甚丰。他先后讲学于浙江大涤、漳浦明诚堂、漳州紫阳、龙溪邺业等书院，培养了大批有学问有气节的人才。世人尊称之黄圣人、石斋先生。著有《儒行集传》《石斋集》《易象正义》《春秋揆》《孝经集传》等，后人辑成《黄漳浦先生全集》，现存诗两千余首，被俘后在牢室中所作三百多首诗，出自忧愤，最为感人。

黄道周精通天文，他自述一次经历：24岁时应邀讲授《易经》，在拜访乡先辈郑怀魁时郑问他几个有关天文的问题，他答不上，觉得非常惭愧，于是发愤钻研，夜晚观察星空，认真研究，坚持了三年，终于有了收获。他还亲自制作一台"天地盘"，作为天象教学的直观教具，他的好学深思，由此可见。

作为一代宗师，黄道周其学并不主一家。他虽自幼习朱子之《纲目》，日后举止行事，以朱子为榜样，但并非专一恪守朱子之学，而是追本溯源，直探孔孟六经。他学识渊博，诸子百家，无所不窥。《黄漳浦集》中有《杂著》七卷，及四卷议、论、考、辩等，虽仅是其著作的部分，然而从中便可见其读书涉猎之广。清人陈寿祺在《重编黄漳浦遗集序》中说："尝论公性似朱紫阳，气节似文信国，经术似刘子政，经济似李忠定，文章似贾太傅、陆宣公，非独以殉国震耀宇宙。又以公之学与文，在胜朝当与刘诚意、方正学上下驰骋，与国家相为终始，不可以成败兴亡言也。"

黄道周殉国后,清张廷玉等人修撰的《明史》赞其"文章风节高天下""学贯古今,所至学者云集"。清乾隆帝笔谕赞其"黄道周立朝守正,风节凛然,其奏议慷慨极言,忠荩溢于简牍,卒之以身殉国,不愧一代完人"。清代著名政治家、理学家李光地曾评价:"石斋虽当时用之,恐无益于乱亡,救乱须有体有用之人。""明代士大夫如石斋辈,炼出一股不怕死风气,名节果厉。第其批鳞捋须,九死不迴者,都不能将所争之事,于君国果否有益,盘算个明白。大都是意见意气上相竞耳,行有余而知不足,其病却大"。清代著名学者蔡世远概括其一生:"严谨的治学精神和渊博的学问可比邵雍,忠贞为国直言敢谏可比李纲,慷慨赴难从容就义可比文天祥。"

综观黄道周一生,他与明朝有着割舍不断的情结,是传统文人士大夫的代表,是儒家信条和道统标准的信奉者,一生忠孝、正直。正是这种精神,造就了他的人格魅力。他就义前不吃"清茶"、喜食"明姜"的民间传说就生动地说明了这一点。黄道周把忠孝当作是言行的准则,在他的一生中,把"忠孝"放在首位,入则言朝,出则守墓,在其二十多年的为官经历中,始终保持一个儒家传统卫道者的形象,对一些违背原则的事情据理力争,从不妥协,表现了其忠肝义胆的气节。

(张春兰)

郑成功

郑成功（1624—1662），原名森，乳名福松，字明俨，号大木，福建南安石井人，明天启四年（1624）七月十四日生于日本平户市千里滨。父郑芝龙，母日本长崎平户市田川氏女。

郑芝龙原是与明朝官府对抗的海上武装集团首领。崇祯元年（1628），他接受明朝招抚，初授海防游击，后升为福建总兵官。崇祯三年，福松7岁，自日本回安平（今福建晋江安海镇）求学，取名森。郑森11岁时曾依塾师"洒扫应对进退"为题作文，写下"汤武之征诛，一洒扫也；尧舜之揖让，一进退也"。塾师十分欣赏。其后苦读经史兵法，习练剑术骑射，能文能武。15岁考中南安县秀才，21岁入南京国子监，拜名儒钱谦益为师。

当时，明朝已被李自成农民起义军所推翻，崇祯皇帝在北京景山自缢而亡。福王朱由崧在南京即位，建立弘光政权。清顺治二年（南明弘光元年、1645）五月二十四日，清军攻占南京，弘光政权覆灭。六月，郑芝龙与黄道周等在福州拥立唐王朱聿键为帝，改元隆武。八月，郑森随父朝见隆武帝，深得器重，赐姓朱，名成功。自此中外称郑森为"国姓爷"。成功对隆武帝表忠心说"臣受国恩，义无反顾，定以死报效陛下"，并献上抗清条陈，建议"据险控扼，拣将进取，航船合攻，通洋裕国"。朱聿键深为赏识，即封成功为忠孝伯，拜御营中军都督，挂招讨大将军印。

清顺治三年（南明隆武二年、1646）六月，清军进逼福建，郑成功率军镇守军事要冲仙霞关。郑芝龙派人示意郑成功撤兵，继而断粮饷，致使仙霞关失守，郑成功引军而还，九月十八日，清军陷福州，旋进军泉州，芝龙聚将议降，郑成功苦劝无效，即走避金门。芝龙降清后被清军挟押北去。清固山韩岱驱兵至安平，纵兵烧杀，田川氏殉难。郑成功闻讯赶往安平，收葬其母尸骸后，到南安县孔庙焚青衣，发誓抗清复明，并带着陈辉、陈霸、洪旭等90余人入海，自称招讨大将军，往南澳岛一带招兵，在厦门、金门建立抗清基地。

郑成功起兵后，即移兵鼓浪屿。清顺治四年（南明永历元年、1647）八月，郑成功与其叔郑鸿逵合兵攻泉州，于桃花山一带战胜清军，声威大振，翌年三月，攻克同安。是时明桂王朱由榔即位于肇庆，郑成功派员上表称贺，并建议水陆夹攻，以恢复明朝。随后挥师南下，驻扎于铜山，分派甘辉、施琅诸将攻打诏安、漳浦等地。清顺治六年（永历三年、1649），施琅克漳浦、云霄，甘辉兑诏安，郑成功移兵屯守分水岭，部将黄廷驻守盘陀岭，施琅分兵平定广东的黄岗、揭阳、澄海、潮阳等地，郑成功控制漳泉至粤东沿海一线。兵力发展到四万，设左、右、前、后、中五军、厦门设参军，协理诸官分管军政事务，并开设商行沟通内地与海外贸易，设裕国、利民两库稽算东、西二洋的船本利息，建立稳固的后勤基地。十一月，永历帝派钦差到厦门，封郑成功为延平公，表彰他对明王室的忠贞，郑成功自是奉永历年号，抗清意志更加坚定。

清顺治七年（永历四年、1650），清军大举南进，永历帝诏令郑成功勤王。闰十一月，郑成功兵至南澳，左先锋施琅畏难请退。郑成功亲率大军，水陆夹击，大败清军于揭阳、澄海。次年初，清福建巡抚张学圣命提督马得功乘虚攻厦门，守将郑芝莞不战而逃，郑鸿逵救援不及，厦门失陷，郑成功回师厦门，清军已退，斩芝莞，削鸿逵军职，施琅潜逃降清。郑成功安定金厦后，出师围漳州城达八个月，清将金砺自浙江驰援，郑成功退守海澄。

清朝在军事上进攻的同时，也在政治上招抚郑成功。清顺治十年（永历七年、1653）五月，清朝遣使节以"海澄公"印招降，郑成功拒不接受。翌年，清朝派叶成格招降，并派郑成功之弟郑渡、郑荫同来劝降。九月，郑成功与清朝使臣在安平谈判，清朝许以漳、泉、潮、惠四府供郑成功安置所部，郑成功提出三省地方才可安置，且不削发、不留辫、不易服，仅对清朝称臣纳贡，清朝不受。双方僵持不下，谈判破裂。郑渡哭劝郑成功接受招抚，否则父亲及家人性命难保。郑成功不为所动，并致书郑芝龙表示，如家人遇害，只有缟素报仇。在议和的同时，郑成功一方面派兵往各地征集粮饷，一方面加强厦门后方建设，改中左所（厦门）为思明州，建立行政机构，设置吏、户、兵、刑、礼、工六官和察言、承宣、宾客三司，以及印局、军器局。建军立营，部队分七十二镇，每镇五协，各设正副统领，以便训练和作战。置储贤馆，育胄馆，接纳各地义士贤人，培养烈士子弟。商业上，设仁、义、礼、智、信、金、木、水、火、土十家商行，经营财货，以济其用。这些措施，使厦门的行政、军队、经济有条不紊，成为稳固的抗清基地。

清顺治十二年（永历九年、1655），郑成功派洪旭、陈六御率兵攻舟山，克温州、台州。清朝以郑成功拒降，将其父郑芝龙收捕入狱，并派亲王世子济度率大军入闽，郑成功收兵回厦，加强海陆防御。翌年四月，清军济度水师出泉州遇风暴，郑成功乘势进击，大败清军于海上。六月，海澄郑军守将黄梧投清，使郑军在该地的军需损失殆尽。郑成功攻泉州不下，即命甘辉统领水师北上，八月攻下闽安镇（福州），十二月攻取罗源、宁德，杀清军先锋阿格襄于宁德城郊。翌年二月攻取台州。

清顺治十五年（永历十二年、1658）正月，永历帝册封郑成功为延平郡王。郑成功决计北伐，他一面奏请永历帝诏李定国出洞庭，会师江南，约请鲁王部将张煌言出兵舟山；一面加紧选练精兵，组成"铁军"。五月初七，郑成功颁布北伐令，严明纪律。十三日，亲率甲士17万，水师八千众，战舰数百艘，号称80万大军，在厦、金誓师北伐，扬帆北上，直发金陵。六月攻占平阳，围温州。七月到达舟山与张煌言会师。八月入长江，攻羊山，因遇飓风，舰队被冲散，损失兵将数千员。折回舟山休整。翌年五月十五日，郑成功再次率师北上，攻崇明，取瓜州。六月，郑成功命张煌言分兵上溯芜湖，截击上游清兵，令刘巘守瓜州，自己直取镇江。二十二日冒雨进攻，一举夺下镇江城。沿江人民见郑军纪律严明，行伍壮观，赞为"天兵"。接着，郑军直捣南京，张煌言挺进芜湖，沿江太平、宁国、池州、徽州诸府县闻风归附。江宁一地已在郑军包围之中。七月十日，郑军自凤仪门登岸，郑成功遥祭明太祖孝陵。时南京城守将梁化凤诈称献城纳款，施缓兵之计。甘辉等将领力主速攻，郑成功不听众言而陈兵城下，坐待梁化凤出城投降。清军乘郑军放松戒备，于七月十二日出城反攻，郑军措手不及，迎战失利，甘辉、陈魁等将领阵亡，张煌言也战败。郑成功回师厦门。北伐失败，郑成功军队损兵折将极为惨重，元气大伤。从此，他再也无力组织大规模的北伐战争了。

退回厦门后，郑成功指挥军队歼灭了尾追到厦门海面的清军，击破了清廷企图一鼓作气，直捣厦门大本营的幻想。但是郑成功也愈加强烈地感觉到，金门、厦门乃弹丸之岛，不足以抗衡清军的不断进攻，必须寻求新的、更加牢固的基地。台湾岛就自然而然成为郑成功等人考虑的地方。台湾自古是我国的领土。明天启四年，也就是郑成功出生的那一年，荷兰殖民者侵占台湾，大肆掠夺当地的土特产，在岛上进行残暴的殖民统治，激起台湾人民的愤怒与反抗。顺治九年（永历六年、1652），郭怀一发动反荷起义，这场暴动虽然被残酷镇压下去，但台湾人民的怨恨情绪与日滋长。郑成功为抗议荷兰殖民者洗劫中国商船，从顺治十二年（永历九年、1655）起，不准商船到台湾贸易，对其进行经济制裁。清顺治十四年（永历十一年、1657）六月，荷兰台湾总督揆一派通事何斌到厦门，请求郑成功撤销禁令，允许通商。何斌向郑成功介绍台湾情况，转达台湾人民渴望郑成功军队收复台湾的愿望，力劝郑成功应谋取台湾，利用台湾肥沃富饶的条件再图霸业。返台后，何斌又秘密测量鹿耳门港道，绘制台湾地图，献给郑成功。郑成功得图后，决心收复台湾，下令营造战船，准备东征。

清顺治十八年（永历十五年，1661）三月二十三日，郑成功留郑经守厦门、郑泰守金门，自己统率大军25000人，战舰300余艘，从金门料罗湾出发，翌日到达澎湖。四月初一黎明，冒狂风巨浪直抵鹿耳门外，午时乘潮，由何斌导航，直入禾宁港登陆。鹿耳门港道水浅礁多，荷兰殖民者侵台后，以沉船设阻，郑军突然兵临城下，当地百姓纷纷以酒食劳军。四月三日，荷兰总督揆一命荷军全力反扑，郑成功水师击沉荷铁甲舰赫克托号，并用火船围攻其余战艇，荷军大败，狼狈逃遁。陆上，郑军在北线尾全歼来犯荷军，击毙其上尉贝乐德，乘胜包围赤嵌城。郑成功一面阻击来自台湾城的荷兰援军，一面向赤嵌城的荷军城防司令描难实叮发动政治攻势。揆一见赤嵌难以困守，提出愿付巨额赔款，并"年年照例纳贡"的条件，换取郑成功撤兵。郑成功严正声明：台湾"一向属于中国，……自应把它归还原主"。并通牒赤嵌荷军24小时内投降，否则即发起总攻。描难实叮见大势已去，于四月十日挂白旗献城投降。

郑成功光复赤嵌后，改赤嵌为东都，设承天府，置天兴、万年两县，遂清查田园人口，制订赋税，并于东都设四坊，鼓励贸易。又挥师进攻台湾城。荷兰总督揆一，凭恃炮坚城险，负隅顽抗，等待援兵。郑成功采取长期围困、俟敌自溃的战术，只留下部分兵力围城，其余部队分别到台湾城四周近邻屯垦。围城期间，郑成功还亲自带户官到高山族村社巡视慰问，送给他们牛、犁、种子和棉布丝绸，鼓励耕织，所到之处"男妇壶浆，迎者塞道"。同年八月，荷兰殖民地巴达维亚（今印尼雅加达）东印度公司派兵700人，战舰10艘驶近台湾，企图救援驻台荷军，当即遭到郑军水师迎击，荷援军司令布·考乌弃军南逃，其舰队溃不成军，台湾城荷军军心动摇，有些士兵出城投诚；军中黑人携带武器投奔郑军，倒戈反荷。郑成功于十一月中旬集中兵力，二十日发起总攻。荷兰总督揆一势穷力竭，于十二月初三（1662年2月1日）投降，随后撤离台湾。郑成功收复被荷兰殖民者侵占达38年之久的台湾，并赋成《复台》一诗："开辟荆榛逐荷夷，十年始克复先基。田横尚有三千客，茹苦间关不忍离。"

郑成功收复台湾后，改台湾城为安平镇，并以此为政治、经济、军事的中心。他领导军民大力开发与建设台湾。整肃吏治，处死肆意吞占公共财物的承天府杨戎政和大将伍豪；同时颁布屯田令，分派各镇赴各地开荒，令各镇按地"插竹为社，斩茅为屋，围生牛教之以犁，使野无旷土，而军有余粮";鼓励文武官员招佃垦荒,但不准混圈田地,侵害居民利益。郑成功允许各级官吏将士建屋开矿,永为世业;鼓励官兵从事渔业、经商,建造大船通商航行日本与南洋诸岛,令金门、厦门、铜山、达壕诸镇冲破清朝禁令,与内地通商。因此,"台湾日盛,田畴市肆,不让内地"。

郑成功收复台湾不到半年,因戎马倥偬,积劳成疾,于复台当年的五月初八日逝世,年仅 39 岁。清朝统一台湾后,康熙派官员护送郑成功灵柩归葬故乡。闽台两地人民爱戴郑成功,立祠建馆纪念他。三百多年来,"国姓爷"郑成功的英雄事迹,一直在闽台两地世代传颂。

(庄恒恺)

李光地

李光地（1642—1718），字晋卿，号厚庵，别号榕村。福建泉州安溪人。明崇祯十五年（1642）生。父李兆庆，明朝生员，藏有程朱之书，并用作教材来教育李光地。李光地自幼聪颖好学，13岁就读完了群经。他的科举之路非常顺遂，康熙五年（1666）中举人，九年成进士，选庶吉士，十一年散馆，授编修。

康熙十二年春，李光地充会试同考官，十月，请假回乡省亲。翌年三月，靖南王耿精忠在福州反叛，郑成功之子郑经应耿精忠约，从台湾遣兵入踞泉州。两人均派人到安溪招揽李光地，李光地不得已到福州见耿精忠，行前嘱咐家人谎报父疾，因此到福州后两天便告假回乡，并迅即与家人藏匿于山谷之间。十四年五月，李光地向清朝密疏"破贼机宜"，指出："今耿逆方悉力于仙霞关，郑贼亦并命于漳、潮之界，独汀州一道与赣州接壤之处，防备极疏。"因而建议：因贼之疏，选精兵万余人，由赣达汀，"则贼将不战自溃"，此即"所谓避实击虚、迅霆不及掩耳之类也"。李光地藏疏于蜡丸中，派人暗中送往京城，通过内阁学士富鸿基呈上。康熙帝看到密折后深为感动，嘉许李光地的忠诚，并命兵部录疏，付领兵大臣参照。

康熙十五年秋，清兵自衢州攻克仙霞关，收复浦城、建宁、延平，耿精忠被迫乞降。康亲王杰书进驻福州后，命宁海将军拉哈达等进剿郑经，并打听李光地的下落。康熙十六年三月，李光地到福州见康亲王。亲王上荐疏："光地塞遭贼乱，颠沛不渝，矢志为国。始终不肯从逆……应予表扬。"四月得旨，超授李光地为侍读学士。九月，李光地赴京，行至福州，恰遇父丧，又回安溪守制。康熙十七年五月，同安人蔡寅打着复明旗号举事，聚众2万余人围攻安溪，李光地募乡勇固守，戒乡人勿资以粮食，后蔡寅退去。六月，郑经派遣将领刘国轩率部陷海澄、漳平、同安、惠安等县，进逼泉州，断万安、江东二桥，断绝了清军的南北援助。李光地派人到漳州向拉哈达告急，又遣人到仙游迎巡抚吴兴祚之师；并引导两路大军由山路抵泉，击破刘国轩部。泉州解围后，拉哈达上报其功，李光地再次得到优叙。康熙帝于十一月下旨，特迁李光地为内阁学士兼礼部侍郎。

康熙十九年（1680）七月，李光地奉母至京师就职，并兼太子允礽之师。翌年，他在入对时奏道："郑经已死，子克塽幼弱，部下争权，宜急取之。"并荐内大臣施琅，说施琅"习海上形势，知兵，可重任"。康熙帝采纳了他的建议，后顺利收复台湾。从此，李光地益受宠信。

康熙二十一年五月，李光地请假送母还乡。他到家后，建"榕村书屋"，讲学其中。期间，福建总督姚启圣常以地方政事向李光地咨询。李光地备陈利弊，以纾民困。康熙二十五年三月，李光地还朝，仍任原职。九月，改任掌院学士兼礼部侍郎，教习庶吉士。日与诸庶讲论，贯其说为

"一尊程朱"。康熙二十六年，充经筵讲官、日讲起居注、方略馆总裁。因为母亲患病，李光地上疏请求回家探望。康熙帝给假一年，悬缺以待。临行，李光地保荐了德格勒、汤斌等人。

康熙二十七年三月，李光地返京。而以前所举德格勒经廷试文劣，德格勒又曾奏称："光地知兵，宜外任。"有结为朋党的嫌疑，故受诘问。李光地引罪乞处分，皇帝予以宽免。康熙二十八年冬，晋兵部右侍郎。康熙三十年春，担任会试副考官，并与侍郎博霁、徐廷玺以及原任河督靳辅视察黄河工程情况。康熙三十二年冬，以兵部右侍郎提督顺天学政。李光地对当地沿袭俗学之弊、不习经书古文很不满意，对凡能诵读"二三经及古文百篇以上"的生童，皆拔擢之，以资鼓励；又谢绝一切请托，"士气顿伸"。康熙三十三年四月，李光地的母亲去世，按照礼制他需解职回乡丧居以尽孝道，称为丁忧。康熙帝下旨，称："提督顺天学政关系紧要，李光地特行简用，可在任守制。"李光地接到谕旨后说："臣蒙荷圣恩，怎敢不以残喘自效？"但他仍提请皇帝给假九个月，让自己往返治丧。康熙三十六年冬，补工部右侍郎，仍留学政任。

次年十二月，李光地因"居官优善""清廉"，而以兵部左侍郎、右副都御史巡抚直隶。李光地担任直隶巡抚期间治理河务、兴修水利。当时京城地区常遭受水灾，漳河与滹沱河汇合后容易泛滥成灾，于是康熙命李光地疏通漳河故道，将河水引入运河，以遏制滹沱河的水势。李光地前往当地严格考察，上奏称霸州、永清、宛平、良乡、固安、高阳、献县等地因为疏浚新河，占用了民田139顷，请求豁免老百姓的赋税，得到皇帝批准。而通州等6州县按规定设置剥船600艘，转运南来的漕粮，每艘船给供养田若干，遇到水旱灾荒按例也不能免除租赋，李光地又上奏请依照民田的制度予以免除。康熙三十九年（1700），皇帝亲临子牙河视察治河工程，令李光地在献县东西两岸修筑长堤，西堤连接大城，东堤连接静海，长约200余里。又在静海的广福楼、焦家口开辟新河道，引水入湖。从此下流更加畅通无阻，再也没有水患之灾。康熙帝喜曰："朕用一清正抚臣，便岁丰民乐。"并亲书"夙志澄清"匾额及御制永定河诗、御服衣冠等物品赏赐给李光地。在直隶巡抚任内，李光地还整顿吏治、减轻税赋、服济灾黎、解决满汉矛盾等，做出显著成绩。

康熙四十二年四月，李光地迁吏部尚书，仍留任直隶巡抚。康熙四十四年冬，拜文渊阁大学士。翌年正月，入阁办事，历充殿试读卷官，国史馆、典训馆、方略馆、一统志馆总裁。其时，康熙帝潜心于理学，《朱子全书》《周易折中》《性理精义》等书，都命李光地负责编纂校理。这些彰扬程朱理学之书，经康熙帝审定以御纂、御定名义颁行于学宫，对于当时理学的发展，产生了重要的影响。在编校《朱子全书》等书过程中，李光地每日入便殿，与康熙帝研求探讨，因而有机会在兵制、官俸、蠲免钱粮等方面向皇帝建言。例如，在江南科场案中，两江总督噶礼与江苏巡抚张伯行互相攻讦,朝廷派人调查,久不能决,李光地据实密奏,噶礼终被免职,张伯行官复原职。又如,桐城贡士方苞因坐戴名世狱论死,李光地向康熙帝说明:自汪霖死后,"惟方苞能作古文",方苞即获释并内召。再如,福建人陈五显因灾荒聚众举事,失败被杀,余党及家属1300人拟判充军,李光地向皇帝进言:陈五显等"因饥酿乱,首犯既诛,余宜不问",遂赦之,余党全部开释。李光地还先后荐举朱轼、杨名时、陆陇其、蔡世远、梅文鼎等人,皆为硕儒名臣。

康熙四十八年后,李光地数次上疏请求休致。而晚年的康熙帝因立储之事心中郁郁,身体多病,对李光地这位老臣很是眷恋。他慰留李光地道:"见到卿的奏折,朕心中惨然。回想当年一班旧臣,今已杳然而去。像卿这样的,不过只有一二人还在朝中,现今朕也老了,实在不忍再多说什么。"康熙五十四年六月,李光地再次以母丧未葬为请,康熙帝暂准给假两年,让其处理完家中事宜即返京办事。八月,李光地陛辞之时,康熙帝赐其"谟明弼谐"匾额。康熙五十六年,李光地还朝。翌年五月,因疝疾速发,卒于任所,享年77岁。康熙帝闻耗,派遣恒亲王允祺前往吊唁,赏赐千两金,谥号"文贞";还对大臣们说:"李光地谨慎清勤,始终一节,学问渊博,朕知之最深。知朕亦无过光地者。"雍正初年,加赠太子太傅,祀贤良祠。

李光地从小勤学,至老益笃。生平著作丰富,主要有《周易通论》四卷、《周易观象》十二卷、《诗所》八卷、

《大学古本说》一卷、《中庸章段》一卷、《中庸余论》一卷、《读论语札记》二卷、《读孟子杂记》二卷、《古乐经传》五卷、《阴符经注》一卷、《参同契章句》一卷、《注解正蒙》二卷、《朱子礼纂》五卷、《榕村语录》三十卷、《榕村文集》四十卷、《榕村别集》五卷等。李光地虽然推崇朱熹，但对于朱子学并非全盘继承，而是有所选择，有所发挥。《四库全书总目提要》评价道："光地之学，源于朱子，而能心知其意，得所变通，故不拘墟于门户之见。"李光地提出了一个非常有价值的见解，即认为在学术理论上，不论哪家，都要做到有优点要学习，有错误要批评。李光地不同意"元明以来诸儒仅守朱说"，认为朱子之言并非无疑。例如，朱熹认为《大学》因错乱而要调整更改，他就不同意。特别是不同意朱熹认为《大学》"格物致知"有经无传，而为《大学》补上此传。他认为古本《大学》无误，宜还原古本。他还主张《大学》应以"知本"为格物第一义，不同意朱熹把《大学》中格物之格训为"至极"、物训为"事"，认为格物应训为"知本"。此外，李光地在易学方面著作丰富，治易的特点带有较强的综合性和实用性。他采用王弼的《周易》经传为底本来研究易经，《周易折中》为其代表作；还以易学为纲，详注《参同契》。他的著述尽力使易学服务于康熙朝的政治需要，"以易学致用、以性理说易"，是李光地易学的重要特色。

（庄恒恺）

伊秉绶

伊秉绶（1754—1815），字组似，一字墨卿，号默庵、南泉、纫荪，诗人、书法家，时人又称"秋水先生"。清乾隆十九年（1754）正月，出生于闽西宁化县城关的书香人家。历官刑部主事、员外郎，湖南乡试副主考，广东惠州府知府、江苏扬州府知府，署江南河库道、两淮盐运使。伊秉绶六龄就塾，年十六入县学。乾隆四十四年（1779）乡试中式，乾隆四十九年会试以通榜第四名钦点国子监学正，为正八品的学官。乾隆五十四年进士。

成进士前，伊秉绶三次游历北京。第一次是乾隆三十九年，这时其父任职刑部主事，迎养雷太夫人于京邸，秉绶随侍来北京游历。这次留京大约一年，虽然时间不长，但对于来自山城的21岁青年学子来说，京城的一切都很新鲜，鸿儒硕士、珍本秘籍，使他眼界大开。六年后，他中举第二次来京参加会试，尽管这次他落榜了，但此后留居京师一年半，结识了翰林学士朱筠（竹君）并被赏识。伊秉绶从竹君先生游宴、唱和，请先生为《梅花书屋图》题诗等，并结交了不少名流文士，直至乾隆四十六年夏方才返归宁化。乾隆四十九年，伊秉绶第三次来到北京，参加甲辰科会试，这年他举中正榜，授国子监学正，由此即定居京师。在宁化求学时，他广交贤达，有吴贤湘、张腾蛟、阴东林、谢尊等，俱为当地的青年才俊，尤与吴贤湘、张腾蛟"志相得,名相齐",号称"宁化三俊"。此时在京师交游渐广,为诸公卿所爱重。纪晓岚对他偏爱有加,聘请他担任孙辈的家庭教师,馆于阅微草堂三年之久。他与翁方纲亦师亦友的友谊保持了近三十年,翁方纲是乾嘉间馆阁诗坛及金石考证的领导者,伊秉绶常至苏斋与翁方纲谈诗论画,赏鉴品读。乾隆五十二年,国子监学正三年任期已满,伊秉绶不再谋就新职。他积学多年,学养日富,此时踌躇满志,全心备考,参加进士会试。乾隆五十四年他喜得"金榜题名",会试中式第五名,殿试二甲第十四名。这年他36岁,踏入了释褐入仕的正途。

作为新进士,伊秉绶分到刑部从学习观政开始,学习观政三年,任额外主事三年,授浙江司主事又是三年,升直隶司员外郎一年多。嘉庆四年(1799)三月外放广东惠州府知府。十年中,他循资晋升,一步一个台阶,但为官以平恕称,精敏干练,决事得当,听讼持平。当时刑部事务统于总办秋审处,选拔在署资深且深通律学的为总办秋审,伊秉绶"总办秋审甚久",表明刑部上官甚为倚重他。他镌有"都官"印一枚,即为十年京官的写照。

京官时期的伊秉绶温文儒雅,诗文才气名满京城。伊秉绶交游极广,与诸名流文士过从甚密,公事之余常参与诗文酒会,宴饮雅集,踏山访碑,有诗人直叹"眼中潇洒伊南泉"。伊秉绶师从"浓墨宰相"刘墉学书,书艺臻善,尤其是篆隶书法,开始独树一帜。他原有深厚的帖学基础,擅写工整隽秀的小楷,后由帖入碑,习篆亦习隶。他临

《绎山碑》《少室石阙铭》等，学习篆书追求字的古意与金石气象，以及中锋用笔与工稳匀称的结体。嘉庆元年，他为桂馥《缪篆分韵补遗》手书上板，凡五十六页，篆楷皆精好。他临汉碑，自谓临摹《衡方碑》多达百遍，但他习古而不泥古。其隶书在用笔、结构、意境上多有创新，开拓了清代隶书的新境界。他任京官时，老辈如大学士纪昀、王杰常以进御奏章属书小隶，曾获得皇上的嘉许。纪昀嗜砚，其砚铭大都为伊秉绶所书，后辑为《阅微草堂砚谱》付梓。知交好友属伊秉绶题咏、署签、引首、书扇，络绎不绝，其中嘉庆三年所书赠（朱）素人先生隶书三言联、《乾嘉名人合书》四条屏隶引首及题识，可以说是伊秉绶隶书独特风格的发轫之作。

　　嘉庆三年，是伊秉绶十年京官生涯最为出彩的一年。在年初的京官考绩中，他获得了京察一等，并加级记名。清制，京察每三年一次，列一等者记名引见备外用，这就为他外放道府铺平了道路。五月，嘉庆皇帝奉太上皇到避暑山庄避暑，他和大学士纪昀等二十六名汉员随扈。扈从仅十日，即奉上谕任湖南乡试副考官。入湘主考事竣，他即回京销差。回京不久，就有消息传来，他将出任广东惠州府知州。伊秉绶京官十年，终于外放知府，而且为官之地惠州府又属"要缺"，京中师友都为之欣喜。辞别之时，京师巨卿名流、同曹师友纷纷赋诗赠别，饯饮燕聚几无虚日。师友所赠诗中，尤以马履泰"岭南不到岂诗人"句脍炙人口，一时传为美谈。伊秉绶之官惠州，父母双亲亦从至惠州就养署中。初任外官，对伊秉绶并非轻松之举。知府职在宣布国家政令、治理百姓、审决讼案、稽察奸宄、考核属吏、征收赋税等，政务纷繁，民生所系，而活跃于福建、广东等南方多省的会党活动，则更让人担心，稍有不慎，即起祸端。伊秉绶在致友人书中说："秉绶作郡之苦，十倍西曹。虽有湖山，了无清兴。"伊秉绶本着仁政爱民之心，为政不敢有丝毫怠慢。甫抵任所，即问民疾苦，兴利除弊，纾解民困。讼牒所至，必亲审理。到任数月，闻报陆丰县甲子司奸民聚党抢劫，敲诈勒索，他呈请总督吉庆发兵围剿，设计擒治群盗，为首七人全部缉拿归案，保障了一方平安。

在惠州，伊秉绶以振兴文教自任，重建书院，修葺文庙，考试学生，奖掖后学。嘉庆五年（1800）六月，他应惠州十属州县士人之请求，在丰湖上重建书院。历时一年半，费银5000两，书院终于建成，成为广东四大书院之一。他亲撰《丰湖书院记》载记其事，为书院头门题写楹联："学焉得其性之所述；览者将有感于斯文。"他延"广东第一才子"宋湘主掌书院讲席，并亲往讲授《小学》及《近思录》。自从惠州人文蔚起，"从者云集，人竞向学"。嘉庆六年（1801），广东学政万承风按试潮州、嘉应、惠州三州，排在录取前列的，惠州学子占十之八九。惠州的山水留下了许多东坡遗迹。苏轼被贬在惠州居住二年七个月，创作诗词、文札、书画等580多篇，其中诗词有200首。伊秉绶出守惠州，成就了一段"苏缘"。他向来景仰苏东坡，在京城时他经常参加翁方纲每年十二月十九日苏东坡生日举办的祭祀活动；到了惠州，每年苏东坡生日，他和一班文人墨士设祀祭拜。嘉庆五年（1800），他重修白鹤峰苏东坡故居，从墨沼中得到苏东坡"德有邻堂"端砚，他将拓本寄友人题咏，人谓东坡先生以此砚馈赠贤太守。苏东坡故居有"德有邻堂"，他重刻"德有邻堂""思无邪斋"匾额，置于壁间，并跋文铭记之。嘉庆六年（1801），他修缮惠州西湖孤山南麓之东坡侍妾王朝云墓，并作文刻石，广征题咏，以表达对前贤的敬仰之意，传为佳话。

嘉庆七年（1802），伊秉绶因"失察教匪"被罢官。十一月被檄往广州治狱，至次年七月赦免，十月归闽，在广州居住了整一年。虽然伊秉绶以事罢官，但他在粤中官声甚佳，众友谋为捐复。清制，降革官员，允许捐银恢复原官，按乾隆三十九年（1774）的规定，捐复知府四品官银需万两。虽然以后捐银逐年减少，但也为数不菲。此次捐复，广州富商叶延勋父子、潘有为兄弟出力最多，众人集腋成裘。伊秉绶致书友人说："粤之同人以秉绶不宜宵散，助之捐复，以一纸会入都门。"嘉庆九年（1804）春节，伊秉绶携眷属归闽行至赣州时，闻福建汀州、邵州兵乱，不得已安置家眷暂居于此，自回宁化先行安顿。二月花朝，他匆匆动身北上入京。他一路兼程，四月抵达扬州，五月初到济南，以门生礼拜谒了山东巡抚铁保，有诗献呈。到达京师时，已是五月中旬，去吏部办妥手续，然后排队候补，当时叫作"需次"。本来朝廷官位有限，候补需次的官员却不少，所以需次时间短则半年，长则一年甚至更长，而且授予什么官缺亦未可知。京城花销甚巨，经济压力很大，但他需要耐心等待。闲暇时，他常去翁方纲苏斋鉴赏书画，与法式善、张问陶等好友偕游聚饮，或与吴荣光、叶梦龙等粤籍友人联句赋诗。

直至嘉庆十年四月，座师铁保升任两江总督，南河河工急需人手，极力向朝廷进行举荐，伊秉绶才以候补知府"发南河使用"。南河官署驻江苏淮阴清江浦，他到任后，代理江南河库道，职掌河湖工程漕务、海防收放钱粮等。不久，淮扬洪水泛滥，下游州县农田民舍俱被水淹，伊秉绶与镇江知府邓旰奉命，各携银两，办理赈济。风雨水中，他撑一小船，逐户访问灾民，灾情登记在册，赈济银米皆自亲给，以"不辞劳瘁，抚恤得宜"闻于朝廷。这年九月，伊秉绶授扬州府知府。扬州虽然号称江南富庶之地，但里下河地区历来水灾频发。伊秉绶上任时，正忙于灾后赈济，深入灾区了解灾情，亲阅赈册，校发粮米，"饥咽脱粟饭，渴饮浊流水"；下河灾民三万多人逃荒到府城，他劝富商捐输六万余金，在寺庙立棚厂，依据灾民人口赋米赈钱，又在每个村镇设办粥厂，救济贫困饥民。是年灾重民困，农民鬻牛以食，他捐廉收养，春耕还之，以保证来年春耕生产；有奸猾扰民之徒扰乱社会治安，他派兵剿灭北湖巨盗铁库子辈，打击"杖诡道"行骗的聂道和。所以，史称扬州大灾中"民虽饥困，安堵无惶惑"。伊秉绶以儒术为宗，为政以德，宽厚待民，时刻把民众的疾苦放在心上。他在扬州目睹连年洪涝，饥民数万，哀鸿嗷嗷，写了不少同情百姓疾苦的诗，如《赈灾四首》《荷花塘》《哀雁诗》《姚堤》《崇家湾》等，皆属此类。

伊秉绶力持风雅，礼贤下士，当年对扬州许多文士有提携奖掖之功。他读了贫寒诗人李天澄的诗后，亲自寻访，五次始遇于市上，并赋诗相赠。伊秉绶致力于扬州地方文化，鉴于扬州长期未修府志，商之阮元纂辑《扬州图经》及《扬州文粹》，采录旧事，参证新图，延江藩、焦循、臧庸、赵怀玉、袁延梼、王豫等文人学者参与其事，谁有灯火纸笔之费全从自己俸禄中开支。他倡导儒家道德规范，大力弘扬合于纲常正道的烈女、节妇，他和阮元捐建《甘泉县节烈题名第一碑》，并亲自书写碑文。伊秉绶为隋炀帝墓书写墓碑，为隆庆寺题写"双树庵"匾额，为仪征城西奇石赋诗并题曰"湘灵峰"镌刻石上，为阮元家庙"文选楼"题写对联："七录旧家宗塾；六朝古巷选楼。"这些文坛韵事，至今在扬州还可得而闻。

嘉庆十二年八月，伊秉绶年已79岁的父亲伊朝栋猝然去世，伊秉绶依例去官守制。同年十一月，伊秉绶回到故乡宁化，从此开始了长达八年的乡居生活。本来，回乡后他营建秋水园供母亲游憩，园未成而罗太夫人卒。秋水园成，他将其改为家塾招子弟读书，榜其柱曰："未能将母园何用，且望成才园有灵。"当时，秋水园为宁化城内著名私家园林，内有读有用书斋、梅花书屋、贞松馆、调鹤轩、留春草堂等16景。园内收藏不少古籍及金石碑版。伊秉绶在园中读书习字，并课族中子弟读书。伊秉绶承继家学，乡居期间专心闽学，曾对"易学"下过功夫。乡居八年，他多为慈善之举，有利乡里乡亲。他前后捐助白银数千两，倡议筑防堤和修城垣，重建龙门桥和跨龙阁，捐置义田以赡族人，出资为乡贤雷鋐刻印《经笥堂文钞》以传世。他与族人伊襄甲同修《伊氏族谱》，亲撰总序、族箴，于族人传记用力尤多。嘉庆十八年（1813），子侄为他筹办六十寿庆，他极力阻止，并将祝寿之资续建龙门桥，为同族子孙应试作盘缠。嘉庆十九年，宁化大饥，他倡议减价平籴粮米。清制，官员服满后可赴部候补复官。伊秉绶服满后并未急于复官，直到嘉庆十七年夏，他才入京复官，但到了扬州因为病发，即停止北上，折返回闽。到了嘉庆二十年，尽管年逾六旬，体衰多病，他又出山北上，由次子念曾陪侍，再次赴都补官。由闽入赣，经南昌至九江，沿长江而下，五月到达扬州。一路上求书者多，扬州故友也多有挽留，他在扬州停留数月，猝得肺炎，卒于扬州旅邸，终年62岁。

（胡家保）

陈寿祺

陈寿祺（1771—1834），字介祥，又字恭甫，一字苇仁，号梅修，又号左海，晚号隐屏，福州闽县（今福州）人。陈氏祖先由泉州府惠安迁徙至福州，改籍为福州人。陈氏曾祖处士应瑞。祖父起龙，为县学生，始去农为儒。父鹤书，字锡之，岁贡生，有质行，以经法教授弟子，累不举于乡，先后主讲仙游、龙岩、邵武、泉州、漳州、上杭等书院，弟子皆能名其学，陈氏一族始以入学为业而兴，有《诗集》书卷。陈寿祺是陈鹤书的长子。

陈寿祺生于乾隆三十六年（1771），生而有异质，书过目成诵。5岁读书，易于成诵，举止端重，性静且敏。8岁时，从祖父受学于外塾。9岁成童，遍群经，一览辄解，文藻博丽，有六朝三唐风格。其师周立严，梅社七子之一。周立严所游多名流，有宾客至，周先生辄举架上书属客摘试先生，用以自豪，于是里人咸目先生为异童，羡之周立严得先生为弟子。

为文奥博，工骈体文，其骈体诗歌已突入"初唐四杰"，渐入燕许。与当时福州名宿陈秋坪、黄宝林、许子锦为忘年交，陈秋坪赴四川为官前劝告陈寿祺"当以千秋自命，勿争名一时"。陈寿祺终生笃志不忘陈先生的教诲，其后的一生也足以证明。年十五，应童子试，每试辄冠军。

乾隆五十四年，携礼求见乡贤孟超然（考功），学习宋儒理学，常以古君子自期。孟考功待之以国士，语人曰："十年后，福州有通儒起，陈生是也。"同年，正值台湾林爽文起兵倡乱，作《海外纪事诗》，时人见之而叹曰："此诸将嗣音也。"自福康安平台凯旋，陈寿祺母族叔郭有堂为参军，属陈寿祺代撰《上嘉勇公百韵诗并序》，其释文沈博绝丽，一时传颂，称为才子。与其同时的张惠言读后说："拟之燕许，何多让焉？"

乾隆五十四年科举于乡，后以第二十名的成绩中嘉庆四年（1799）会试，赐进士出身。值试闱中，其考卷为人所遏。阮元素闻陈寿祺名，对主试官朱珪说："师欲得如博学鸿词科名士乎？闽某卷经第是也。"遏者摘其《四书》中语以诘难阮元，阮元为陈寿祺进行辩诘，并指明其语出自《白虎通义》，于是朱珪由后场力拔而出。既成进士，选翰林院庶吉士，陈寿祺以经术文章与同年张惠言、鲍桂星、王引之等齐名。朱珪爱其才华，对陈寿祺尤为重视。

嘉庆六年（1801）辛酉，散馆，授编修，是始受职，随即请归省亲。陈寿祺晋谒浙江巡抚阮元，元感愕然，问陈寿祺"大考期迩，何以请归？"陈寿祺答曰："时闽中患饥，恐亲老无以为食。"阮元遂请陈寿祺主讲杭州敷文书院，并兼课诂经精舍。当时赵坦、徐养源、严杰、洪颐煊等皆从陈寿祺问业。阮元又因陈寿祺在浙江，主持开局并聘请名士纂群经古义为《经郛》，并修《海塘志》，并命陈寿祺主管此事。陈寿祺因此向阮元上《经郛义例》，以探明经义，会通典礼，存家法而析经之异同。可惜此书最后未能完成。陈寿祺在此时自著《五经异义疏证》，海内治许、郑学者咸取正焉。因陈寿祺师与阮元的师生关系，加上阮元当时在学术界的地位，使陈寿祺得以晚辈的身份与钱大昕、王念孙、段玉裁、程瑶田等汉学诸儒相交往切磋，而其"恬然寡交游，惟日以讨论经义为事"，更使得钱大昕等诸大儒知而爱之，相待如昆弟，故使其汉学日益精博。

嘉庆八年，时陈寿祺居家已两年。因家贫无食，其父再命其入都求取仕途；当年冬，还朝。九年五月十五日，充广东乡试副考官，提出取才应"德""事""言"三者并重，"古者语于郊者，必取贤敛才焉。或以德进，或以事举，或以言扬。今试之经义、诗、策问，未尝不以言而蕲勉乎德与事也。"而士要达到上述要求就必须要专心研求经术。十二年秋，任河南乡试副考官，十四年，充会试同考官，京察一等，记名御史，充国史馆总纂。凡在职七年，方直渊雅，重列于朝。

陈寿祺至孝，常以不能迎养二亲，感到愀然不乐。嘉庆十五年，突闻父殁，恸几绝，奔归，以不得视含敛，终身为大戚。服除，即陈情乞养母，请归，不复出仕。道光元年（1821），母殁，终丧。公卿间常有密疏荐于朝，道光温谕何时还阙，将大擢用。所知以闻，先生感激涕零，慨然以辞，遂不复出。孟考功归养年四十不更仕，而时人评论陈寿祺归养不仕，"先生勇退，如之可谓不负师门也"。

陈寿祺自归养不仕后，以教授学生自给，"我先人怀素业，委礼后人者在此"。凡掌教泉州清源书院10年，福州鳌峰书院11年。泉州为陈寿祺故里，陈寿祺主讲清源书院时，与诸生关系融洽，有如父子。清源书院寓往来仕宦，如传舍。陈寿祺致函督抚，示禁；并乞下各郡县谕，不得夷书院为路室候馆，从之。从此，各郡县的书院专为士子学习的场所而不为路室候馆，陈寿祺之功也。

  陈寿祺虽治汉学，但却并不摒弃宋学，从他给治理学者毫不吝啬的赞美之词及为康熙朝理学名臣《李光地集》所作的序言中就可以体现出来了，"盖熙朝经手修明，自圣祖成制，自公发之，而后雍正、乾隆间，继述众经，圣教由是大显。"对理学名臣李光地，他更是对其大加赞美"安溪李文贞公以名世之资，应运翊辅，广渊笃诚，好贤若渴，幼而敏异，博综群书，与顾亭林、梅定九二先生游，通律算、音韵之学，洞性命天人之旨，陶冶百氏，刊涤千载。"

  陈寿祺晚年爱慕武夷风光，特筑精舍于此以期终老，因此晚年自号"隐屏山人"，"山人雅慕武夷佳山水，老而不能游，臆想五曲之大小，隐屏住紫阳精舍在焉，乃取以自号焉"。卒前，以病辞鳌峰讲席，诸弟子闻之，具衣冠恳留，不期而会者三百人，陈寿祺勉从其请。病重后，不吃食物，却医药，致使每天以武夷茗茶、少许柑柚为食，在枕上作《绝命诗》以寄情，《诗》云："梦想仙峦二隐屏，问天应著少微星。人间无此溪山好，便欲乘云上幔亭。"词意惝恍，若有所会。道光十四年（1834）二月二十日，卒于乡里，享年64。诸弟子听闻陈寿祺病殁，前来吊唁者多痛哭失声；会葬之日，多至千人，填溢里巷。其临终时，对其长子乔枞说:"吾生平疲于文字之役。以郑注《礼记》多改读,尝钩考齐、鲁、韩《诗》佚文佚义与毛氏异同者,辑而未就。尔好汉学,治经之师法,他日能成吾志,九原无憾矣。"乔枞受命,完成陈寿祺遗命。"乔枞敬承先大夫遗训,述鲁、齐、韩《诗》说与毛氏异同者,撰次成帙,逐加考证,成《鲁诗遗说考》六卷、《齐诗遗说考》四卷、《韩诗遗说考》五卷。"

(杨冬冬)

林则徐

林则徐（1785—1850），字元抚，又字少穆，福建侯官（今福州市）人。清乾隆五十年（1785）七月二十六日，出生于一个贫苦的知识分子家庭。父亲林宾日原名林天翰，字孟养，号旸谷，嘉庆侯官岁贡生，是当地的教书先生。母亲陈帙，为闽县岁贡生陈圣灵之第五女。林宾日虽为私塾教师，中了秀才后又可领取公粮，但因家里人口众多，僧多粥少，甚至三餐都无以为继。林母陈帙瞒住丈夫，偷偷以女红这项手艺帮补家计，维持家庭生活。尽管家境寒苦，但是林宾日非常重视对子女的教育。林则徐刚4岁时就随父入私塾读书，7岁学作文章，又于14岁中秀才。他的天资与才华，在当时就引起了福州文化教育界名流的重视。嘉庆九年（1804），林则徐参加乡试，中第二十九名举人。就在成绩揭晓的那天，他迎娶郑淑卿为妻。进士门第出身的郑家千金嫁给家境寒苦的林家秀才，在当时是件罕见的事情。林则徐在郑淑卿在世时都没有纳过妾，终其一生，情深不渝。是年底，新婚燕尔的林则徐离开家人前往京师参加会试，但名落孙山。

由于家贫，嘉庆十一年，林则徐受厦门海防同知房永清之聘，到厦门担任文书，专责处理商贩洋船来往、米粮兵饷的文书记录。这段经历使林则徐初步认识了官场，开阔了视野。次年，他入福建巡抚张师诚的幕府。张师诚位居封疆大吏,详知典章制度。他将公事上的知识一一传授给林则徐。同年年底,张师诚推荐林宾日为乐正书院主持,林家的经济状况得以改善。林则徐在这年又参加会试,再次落第,依然留在张师诚幕府当幕僚。林则徐在张府做幕僚五年,"尽识先朝掌故及兵刑诸大政",对他后来的事业有很大的帮助。

嘉庆十六年,林则徐再次赴京会试,殿试高居第二甲第四名,选为庶吉士,授翰林编修,从此踏上了仕途。他在翰林院度过了七年岁月,虽曾被派往不同地方工作,但仍是一名微不足道的小京官。林则徐虽然不善于社交,但他于嘉庆十九年加入了主要由低阶京官组成的宣南诗社。宣南诗社的主要活动内容为消寒、赏菊、忆梅、试茶、观摩古董,为欧阳修、苏轼、黄庭坚作生日等。林则徐在诗社结交了黄爵滋、龚自珍、魏源等人。

嘉庆二十一年,林则徐到江西南昌充任乡试的主考官。林宾日得知此事后,特地致信儿子,要其慎选人才。林则徐此后多次任考官,都能公正严肃地工作,在士人间博得了良好的名声。嘉庆二十五年,林则徐出任江南道监察御史,六月授浙江杭嘉湖道。到任后,他勘察所属海塘水利,大力整修,使"新塘较旧塘增高二尺许",得到群众的好评。林则徐为官清廉,不畏权势,行事果敢,不假情面,招致同僚的猜忌与冷嘲热讽,他对官员腐败十分痛恶,表示自己"但当保涓洁,弗逐流波奔",决心做个上忠朝廷,下安百姓的好官。

道光二年（1822）底，林则徐调任江苏淮海道。到任未满一月，又升任江苏按察使，主管江苏的司法刑狱。在任期间，他不畏豪强，澄清吏治，改革审判程序，亲自裁决案件。甚至黑夜潜行，明察暗访，验尸时亦亲自动手。短短四个月内，就把江苏的积压案件处理十之八九，"民颂之曰林青天"。适逢江苏遭遇大水灾，社会动荡不安，松江人民聚集起来向官府告灾，"汹汹将变"，巡抚韩文琦力主用兵镇压，林则徐极力反对，坚决主抚。他乘船前往灾变地区，大力赈济灾民，平息民愤，"民皆悦服"，恢复了社会秩序。他接着又建议，由官府垫款，以工代赈，疏浚吴淞、黄埔和浏河三条水道，以期从根本上解决江苏的洪水灾害问题。经道光帝批准，由他负责这项工程。道光四年九月，其母病逝，他回籍奔丧。守制期间，江苏高堰十三堡洪水决堤，他素服到工地督工。道光七年三月，林则徐服满。五月，任陕西按察使。同年十二月闻父卒，又南下奔丧。在家守制期间，他关心家乡的水利事业，参与重浚西湖的工程。

道光十年五月，林则徐服满北上，八月出任湖北布政使。翌年一月调任河南布政使，八月又调任江宁布政使。"一岁之中，周历三省，所至贪官墨吏望风解绶，疆臣重其才，皆折节倾心下之，多所兴革"。他为各地人民办了不少好事。道光十一年十一月，道光帝以林则徐政声甚好，提任他为河东河道总督。面对关系到国计民生的河工问题，林则徐决心"破除情面"，"力振因循"，大力整顿，以求

"弊除帑节,工固澜安"。为了治理黄河,林则徐亲自顶着寒风,步行几百里,逐一查验用以堵口的料垛。一旦发现问题,立即严肃处理。他还查看沿河地势,水流情况。道光帝表扬他说:"向来河工查验料垛,从未有如此认真者。"

道光十二年三月,林则徐调任江苏巡抚。从这一年起到道光十六年间,他努力发展农业、整顿漕务、兴修水利、整顿吏治,在各方面都做出了成绩。他尤其注重提倡新的农耕技术,推广新农具,尽力提高农业生产水平。道光十七年(1837),林则徐升任湖广总督。面对湖北境内每到夏季大河常泛滥成灾的情况,林则徐采取有力措施,提出"修防兼重",使"江汉数千里长堤,安澜普庆,并支河里堤,亦无一处漫口",对保障江汉沿岸州县人民的生命财产,做出了很大的贡献。

当时,英国侵略者对我国走私鸦片已极度猖獗,每年输入鸦片达3万余箱。早在道光十三年,林则徐就痛斥英国人用鸦片来套取我国白银是"谋财害命",主张严禁鸦片。道光十八年,鸿胪寺卿黄爵滋提出"重治吸食者"的主张后,林则徐立即具折复奏道光帝,表示支持黄爵滋的主张,并且提出禁烟的六项具体建议。同时,他在汉口成立戒烟局,配制戒烟药,雷厉风行地进行查禁。由于林则徐在湖广禁烟取得了成效,并一再条陈不禁之弊——"中原几无可以御敌之兵,且无可以充饷之银",道光帝终于下决心禁止鸦片。他把林则徐召到北京,多次面谈,任命林则徐为钦差大臣,到广州查禁鸦片。

林则徐于道光十九年正月抵广州，他与两广总督邓廷桢、广东水师提督关天培等人会商后，于二月初四向各国商人发出谕帖，命令他们限期交出全部鸦片，并具结保证今后永不夹带鸦片。他还严正声明："若鸦片一日未绝，本大人一日不回，誓与此事相始终，断无中止之理。"劝告各国商人不要观望。林则徐的禁烟措施，遭到了驻广州的英国商务监督义律和鸦片贩子们的抵抗和破坏。义律指使英商只交出少量鸦片应付，并且阻止其具结保证。经过坚决的斗争，林则徐挫败了他们的阴谋，收缴全部鸦片近2万箱，约237万斤。道光十九年四月二十二日，林则徐会同邓廷桢、关天培等官员，在虎门海滩上监督当众销毁鸦片，到五月十五日，鸦片全部销毁。这一伟大壮举向全世界庄严宣告：中国人民具有反抗侵略的坚强意志。

林则徐在广州的禁烟，最初得到了道光帝的充分肯定。道光帝阅毕林则徐的虎门销烟报告，欣喜万分，云："可称大快人心事！"不久，逢林则徐过55岁生日，道光帝又亲笔书写"福""寿"二字的大楷横匾，派人送往广州，以示嘉奖。但不久之后，林则徐所面临的形势就迅速恶化了。道光二十年（1840）正月，英国政府决定向中国出兵。六月，英军舰队抵达广东海面，封锁珠江口，进攻广州，鸦片战争正式爆发。这时，林则徐已任两广总督。他严密布防，使英军的进攻未能得逞。英军受阻后沿海岸北上，向闽浙一带进攻。林则徐早就料到英军会改窜他省，一再通知沿海各省"严查海口，协力筹防"。但除福建之外，各省皆无准备。在浙江定海失陷后,妥协派就群起攻击林则徐。而当英军舰队抵达天津大沽口外时,本已动摇的道光帝惊慌失措,急令直隶总督琦善前去"议和"。他又命令两江总督伊里布查清英军攻占定海的原因,究竟是由于"绝其贸易"还是"烧其鸦片",意欲将林则徐作为替罪羊。他还下旨严厉训斥林则徐:"……不但终无实济,反生出许多波澜,思之曷胜愤懑,看汝以何词对朕也!"从此,各种诬陷、打击和指责连续降临到林则徐的头上。在皇帝训斥、投降派围攻的严峻时刻,林则徐仍在广东坚持抗英。他还两次上奏,大胆陈述禁烟抗英的合理性和正义性。

林则徐的努力,不可能改变历史进程。不久,道光帝下旨,革了林则徐的职。道光二十一年,林则徐又接到圣旨:降为四品卿衔,速赴浙江镇海听候谕旨。到镇海后,林则徐积极参与了当地的海防建设事宜,力图"戴罪立功"。不久,靖逆将军奕山打了败仗。为了开脱罪责,他竟造谣说,英方是愿意议和的,他们恨之入骨的仅林则徐一人。言外之意,就是必须再次惩办林则徐,英方才能罢兵议和。道光帝求和心切,便把广州战败的责任再次归罪于林则徐,说他在广州任职时没有积极筹划防务,以致英军发起进攻后,奕山无法招架。六月二十八日,道光帝下旨,革去林则徐"四品卿衔","从重发往新疆伊犁,效力赎罪"。

林则徐抗英有功,却遭投降派诬陷,被道光帝革职,落得了充军伊犁的下场。他忍辱负重,踏上戍途。人们愤愤不平,纷纷为他饯行,赠诗留念。但他并不为个人的坎坷而唏嘘，始终关注抗英战局，想的仍是如何战胜侵略者的问题。当与妻子在古城西安告别时，他写下了"苟利国家生死以，岂因祸福避趋之"的豪迈诗句，这既是他爱国情感的抒发，也是他性情人格的写照。这种不计个人得失，始终以国家民族利益为重的精神，令人感佩不已。道光二十二年，林则徐到达伊犁。面对沙俄入侵中亚并向我国新疆急速推进的严酷现实，林则徐认为，只有发展农业生产，开发边疆，才能巩固边防。他先后在伊犁地区、南疆的库车、阿克苏和北疆的吐鲁番和哈密等地勘垦荒地。在此过程中，林则徐指导各地人民兴修水利，推广"坎儿井"技术，减少水源流失。他还向各地人民传播内地先进的农业和纺织技术。林则徐在新疆的三年，为加强祖国西北边防，改善各族人民的生产和生活，作出了重大贡献。

道光二十五年十一月初六日，林则徐接到获释的通知，随即整装东归。次年三月，他被任命为陕西巡抚。这时的陕西，各种社会矛盾十分尖锐：清政府为解决军费困难，强令陕西捐银100多万两。鸦片战争后给外国侵略者的赔款也摊派到陕西；各地接连发生灾荒，劳苦群众生活异常艰难；渭南、富平、三原、大荔、蒲城等地的"刀客"与当地回民联合起来，反抗官府的斗争此起彼伏。林则徐数次调兵镇压。但他认为，在处理民族矛盾中，认为不能一味镇压，应以"攻心"为主。在处理陕甘回汉关系时，他主张"两教弗区分，总以顺逆断；锄恶不偏回，扶善不私汉"，这对制止当时民族间的相互仇杀是有积极意义的。

道光二十七年（1847）三月，林则徐调任云贵总督。

到任后，以维护云南边境安定得力，加太子太保，赏戴花翎。在任内，他整顿云南矿政，提出鼓励私人开采，合伙商办等主张。这既符合当时社会经济发展的要求，也有利于矿业中的资本主义因素的增长。林则徐于道光二十九年秋因病辞归。他回到福州后，目睹鸦片泛滥，心情十分沉重。这时发生了英国侵略者违约强占乌石山神光寺的事件，林则徐顾不得年迈体弱，耐不住满腔怒火，立即与福州爱国士绅联衔倡议驱逐。

道光三十年秋，农民起义风起云涌，广西局势日益严重。咸丰帝预感统治危机，任命林则徐为钦差大臣，督理广西军务。林则徐接到命令，次日即抱病从福州启程，取道泉州、漳州，一路直达广东，到潮州时，开始严重下痢，到了普宁，已病入膏肓，不得不暂住普宁行馆。最后于十月十九日与世长辞，享年66岁。朝廷晋赠其太子太傅，照总督例赐恤，历任一切处分悉行开复，谥文忠。

林则徐是清末杰出的政治家，为官清廉，关心民众，一生担任各种官职，所至兴利除弊，为人民办了许多好事。他又是一位伟大的爱国者，坚决禁烟抗英，流放新疆期间还积极屯田防俄，无愧为民族英雄。当然，由于时代和阶级的局限，林则徐为了维护封建统治，多次镇压了反抗清朝统治的农民起义。但是，林则徐一生为国献身、反抗侵略的精神，仍然永远值得我们怀念。他的浩然正气永存人间。

（庄恒恺）

沈葆桢

沈葆桢（1820—1879），原名振宗，字翰宇，又字幼丹，福建侯官（今福州）人。嘉庆二十五年（1820），沈葆桢出生于福建侯官县城。父亲沈廷枫，道光年间举人，以教书为业；母亲林氏，是林则徐的妹妹林惠芳；妻林普晴，是林则徐的次女。

沈葆桢自幼学习勤奋，道光二十年（1840）考中举人，道光二十七年考中进士，任庶吉士，授翰林院编修。在翰林院的六年，沈葆桢除了学习进修之外，还与李鸿章、郭嵩焘等同年交友互动，逐步使自己的经世致用思想日渐成熟。咸丰三年（1853），沈葆桢离开翰林院担任御史。咸丰四年五月，补江南道监察御史，咸丰五年，任贵州道监察御史。沈葆桢刚实授监察御史，便针对当时社会经济、军事等问题连上《奏请变通钱法折》《奏请饬统兵大臣乘胜东下折》《奏请弁兵分隶郡县折》三奏折，但并未被采纳。

咸丰五年，沈葆桢任浙江杭州知府。以祖籍地杭州亲戚过多，改任江西九江知府。时值太平天国运动，太平军已经攻占江西八府，只剩南昌、饶州、广信、赣州、南安五府，九江府已为太平军所攻陷。沈葆桢到江西后，先在当时负责平乱的曾国藩军中参赞军务数月之久，咸丰六年，才调署广信（今上饶）知府。同年八月，太平军将领杨辅清率领万余部众连续攻克贵溪、弋阳，直逼广信。此时，沈葆桢正陪同工部右侍郎廉兆伦到河口筹办粮饷。广信守军仅400人，得知弋阳失守后，纷纷逃遁。沈葆桢的夫人林普晴临危不惧，她一面与留守的知县、参将、千总组织百姓紧闭城门，另一面向林则徐以前的部下饶廷选求援。次日，沈葆桢亦闻警讯之后驰归而回，不久援兵先太平军到达。在沈葆桢与饶廷选的筹谋下，他们七战七捷，打退了杨辅清的进攻。

经此一役，沈葆桢声名大显。曾国藩保奏："两年以来，江西连陷数十郡县，皆因先怀去志，惟汪抱闰守赣州，沈葆桢守广信，独能申明大义，裨益全局。"清廷嘉奖其守城之功，以道员尽先补用。咸丰七年，擢升为广饶九南道，后又改任南赣宁兵备道帮办江西全省团练。此后，沈葆桢又借饶廷选的客军在广信挫败了石达开，平定了弋阳"土匪"。咸丰九年（1859）六月，加赏按察使衔。九月，沈葆桢因耿直不顺从上司，而以父母年老多病，请求离职回家探望。此后，沈葆桢在福州赋闲了两年，朝廷虽屡次征召而不出。直到咸丰十一年（1861）湘军攻陷安庆后，沈葆桢才奉谕令驰赴安庆大营听候任用。同治元年（1862），在曾国藩的大力举荐下，超擢江西巡抚。沈葆桢上任后，主要任务是巩固后方，保持江西的稳定和防止太平军残部窜入。他一方面整顿吏治，惩治不法乡绅，妥善处理教案；另一方面操办军务，屡次打败太平军对江西的进攻。同治三年，天京被清军攻陷，幼王洪天贵福在干王洪仁玕的保护下，逃入江西境内。洪天贵福、洪仁玕在石城兵败被俘，为沈葆桢就地处死。朝廷以其平乱有功，赏加头品顶戴并世袭一等轻车都尉职。同治四年，因母亲去世，沈葆桢离官回家丁忧。

当时的中国正处于积极向外探索"求强""求富"的洋务运动时期，许多不同出身、不同地位的中国人认识到只有学习西方先进的科学技术和思想文化，才能推动中国的革新，改变中国落后挨打的局面。同治五年春，左宗棠升任闽浙总督。左宗棠对中国所面临的强敌环伺的危局有清醒的认识，认为要摆脱这种困局关键在于发展海军，提出："为欲防海之害而收其利，非整理水师不可，欲整理水师，非设局监造轮船不可。"同年六月，他奏请在福州开设轮船制造局。八月，这个请求得到批准。就在福州船政局筹办的紧张时刻，同治帝下谕左宗棠调任陕甘总督，负责镇压陕西的捻军和回民起义。丁忧在籍的沈葆桢联合福州缙绅百余人，联名呈请福州将军英桂、福建巡抚徐宗干转奏朝廷，恳留左宗棠暂缓西行。朝廷在接到福建缙绅的陈情后，同意左宗棠暂缓西行。左宗棠对他的后继者闽浙总督吴棠并不信任，在暂缓西行后，他极力推荐沈葆桢主持船政。为了请沈葆桢主持船政，左宗棠曾经三次到沈府去商请。沈葆桢始终逊谢。沈葆桢知道创办福建船政局是个庞大的计划，所涉及的问题很多。他担心无权无望，难以指挥下属；担心船政经费不足，致使船政建设或生产陷于停顿状态；担心与洋人难以共事等。以上种种担心，使得他不得不一再婉谢。为了打消沈葆桢的顾虑，左宗棠妥善处理了洋员与沈葆桢的关系，推荐"熟谙洋务"的胡光墉担任助手，咨送有益船政的官员如福建布政使周开锡、盐运使衔广大候补道叶文澜、候选同知黄维煊、福建候补布政使徐文渊等供沈葆桢差遣。经过诸事的安排之后，左宗棠不顾沈葆桢的婉拒，径自上疏推荐沈葆桢主持船政。是年十一月，同治帝下旨坚令尚在丁忧的沈葆桢接替左宗棠主持船政工作。

主持创办马尾船政局是沈葆桢人生最大的转折，也是其一生中最大的业绩。同治五年（1866），马尾船政局正式破土动工修建。马尾造船厂兴建后，洋务派为了消除沈葆桢的顾虑，希望他不要瞻前顾后，不必害怕花钱太多。朝廷也下谕支持沈葆桢，要求福建地方大吏英桂、吴棠、李福泰等应当在经费等方面支持船政的兴办。但是，当时中国的守旧势力仍然很强大，福建船政局作为中国近代新兴工业企业，必然受到了当时社会保守势力的阻挠。同治六年四月，闽浙总督吴棠在接任后，采取了完全与左宗棠相左的做法。他利用手中的权力，剪除协助沈葆桢办理船政的得力助手。首先是针对左宗棠的匿名诬告，攻击他安插湖南人和非法开支。署理布政使周开锡被牵涉进匿名信诬告，吴棠明知其被诬告，却命令已经病愈的周开锡续假，另行委派藩司，不让周开锡到局办事；其次是叶文澜为讼棍陈文禄控告，案件本已审结，吴棠却命令重审；此外，吴棠还参奏李庆霖，以"趋承"和"巧猾"的罪名勒令其回籍。先前左宗棠所推荐的人一个接一个离任，大大打击了办理船政官员的士气，马尾船政的建设工作也蒙受损害。出于对马尾船政事业的忧心，沈葆桢向朝廷上呈《船政创始需人才折》以力争，道："船政之举，非诸臣之事，实国家之事也，吴督身为疆吏，果以为万不可行，亦何妨专衔入告，乃数月以来，不置可否其间，在在阴起而为难，察其举动，事事务与前人相反……"。在沈葆桢的力辩之下，同治皇帝同意将原先调离船政衙门的周开锡、李庆霖等继续留局差遣，而将吴棠调离福建到四川赴任。

发展船政事业不仅有统治者内部的百般刁难，外来的帝国主义分子也是多方阻挠。如英国公使威妥玛、海关总税务司赫德等对清政府说："造船较之购买或雇佣船只，所耗费要多得多。"赫德甚至无耻地提出，中国的造船计划应该在海关的保护下进行，妄图由英国人来操纵、把持、控制中国的造船业。赫德的建议遭到左宗棠的断然拒绝。但是赫德并不死心，他指使他的下属闽海关税务司法国人美理登出面活动，破坏船政建设。美理登先是跟福州将军英桂说，福州只需三四舟船巡视台湾地区就行，无需办造船厂。美理登的建议遭到英桂义正词严的驳斥。美理登并不甘心，他想方设法想介入船政事务，又暗中指使总监工达士博与日意格等人对立，在船政局制造纠纷，沈葆桢不得不开除达士博等人。达士博借此向法国驻福州领事官巴士栋控诉，巴士栋借机干预船政，公然要求日意格、洋匠及中国工人等到领事处接受讯问。对此，沈葆桢进行了言辞驳斥，并上疏总理衙门，要求将颠倒是非的巴士栋撤掉。

可以说，在船政创办之始，就受到国内顽固派和外国侵略者的重重阻碍和干扰，沈葆桢以坚毅的精神，克服种种困难，推动船政事业在坎坷中前进。

沈葆桢总理船政十几年，船政各方面得到了较快的发展，取得了不少成绩。在沈葆桢严格督理下，福建船政局很快建成当时远东规模最大的一座新式轮船制造厂。到同治十二年（1873）底，福建船政局在洋员的帮助下，先后完成15艘各式舰船的建造，同时培养出了一批能按图"自驾"或"自造"的工人。而对于办理船政事业，沈葆桢更重视的是人才培养，即"船政根本在学堂"。本着这种认识，沈葆桢特别重视对人才的培养。沈葆桢马尾建厂的同时，已先行设立船政学堂，即在福州白塔寺和仙塔街两处民房招收学生学习海军知识。船政学堂后移至马尾，改为"船政前学堂"和"船政后学堂"。前学堂由法国人支持，学习制造技术；后学堂由英国人主持，学习驾驶技术。沈葆桢认为学生一方面要系统接受西方自然科学的教育和熏陶，使之以"中国之心思，通外国之技巧可也"；另一方面还要接受中国传统文化教育，防止"以外国之习气，变中国之性情"。另外，对学生的学习要求也十分严格，经常"考其勤惰，分别升降"，对成绩优异的学生不仅有饭食和赡家费，还有各种奖金；而对成绩差的学生轻者会受到各种批评，重者则会被开除。在这种教育理念之下，福州船政学堂培养了一大批西学造诣和国学功底都很深的近代化新式人才。如近代著名的翻译家严复、陈季同、京张铁路的设计与建造者詹天佑及刘步蟾、林永升、萨镇冰等一大批海军将领。

同治十三年三月,日本侵略者以高山族人误杀琉球渔民为借口,出兵占领台湾琅峤(今恒春半岛)。在李鸿章推荐下,同治颁发上谕:"沈葆桢着授为钦差办理台湾等处海防兼理各国事务大臣,以重事权;所有福建道等官,均归节制。"沈葆桢于五月初一日由马尾乘船东渡,五月初四日到达台湾安平。

到达台湾之后,沈葆桢马上巡视台湾防务,发现台湾防务废弛已久,毫无战斗力。据此条件,他与台湾镇总兵张其光、台湾道台夏献纶会商,议定:理谕、设防、开禁等三项为处理台湾问题的原则。在此原则下,沈葆桢于五月初八日派夏献纶、潘霨等人持"照会"明确告诉日军司令西乡从道:"中国版图,尺寸不敢与人。"外交上的"理谕"是以强大的军事作为后盾,沈葆桢在台湾的防务上做了诸多改革,如加强驻军布防,重点布防台南府城、彰化、艋舺、淡水、噶玛兰等几个战略要地;修建安平炮台、基隆炮台等;练营勇,办团练等措施,使日军无机可乘。十月二十四日,根据清政府与日本签订北京专约的结果,日军撤出台湾。

外患暂平之后,沈葆桢就积极筹划台湾的发展问题,他提出了许多积极有效的建议。台湾虽然沃野千里,但是仅仅开发平原地区,大量山区尚未开垦,经济发展长期滞后。沈葆桢提出"开山抚番"的举措,废除严禁内地民众渡台、严禁汉民私入"番界"、严禁私贩铁器等严重阻碍台湾经济发展的陈规旧制，采取措施大力发展岛内交通、邮政通讯等，推动台湾的近代化进程。台事初定之后，沈葆桢于十二月返回福州。不久，发生狮头社高山族人狙杀游击王开俊的事件，沈葆桢在光绪元年（1875）正月再次赴台，镇压反抗开路的高山族。同时，建议从英国购置全套挖煤机器，开办基隆煤矿；建议改革行政建制，增设台北一府。总之，沈葆桢在台湾的经济发展、改革建制、加强防务等方面做出了突出的贡献。

光绪元年（1875）四月，调任两江总督，兼督办南洋海军事宜。在两江总督任上，沈葆桢做了整顿吏治、整编军队、筹划海防、修河堤等许多利国利民的实事。光绪五年十一月初六，病逝，终年六十岁，追赠太子太保衔。沈葆桢一生的奏稿、诗文，分别收入《沈文肃公政书》《夜识斋剩稿》《沈文肃公牍》《沈文肃家书》等著作中。

（祁开龙）

陈宝琛

陈宝琛（1848—1935），字伯潜，号弢庵、陶庵、听水老人，福建闽县（今福州市）螺州镇人。咸丰十年（1860）年中秀才，同治四年（1865）中举，同治七年进士，被授翰林院庶吉士，又先后授编修、翰林院侍讲，内阁学士兼礼部侍郎等职，为"清流四谏"之一。因中法战争中荐人失察，被降五级，时又逢丁母忧，故在家闲居近25年。闲居期间，致力于家乡教育事业。宣统元年（1909），奉旨复出。后任溥仪老师，被称为"末代帝师"。1935年病逝于北京。

道光二十八年（1848）到同治七年间是青年陈宝琛求学的阶段。年少的陈宝琛5岁起就入私塾接受传统教育，并随着祖父官职的变动而迁居各地，开拓视野，见识广博。在10岁时回到家乡螺洲，其父督导甚严，并使其"历从乡里名师，学益进"。他先后拜王煦甫、林少估、周仰苍、余少凡、梁礼堂、陈蔼人、林可舟、林勿邨等人为师，其中，梁礼堂、林可舟和林勿邨都是进士出身，又均曾为书院掌教，三人都是学富五车的硕儒，陈宝琛经过他们的教导，学业精进，儒学功底深厚。经过严格的教育和自身的努力，陈宝琛科举考试一帆风顺，21岁即中进士，被选为翰林院庶吉士。总体来说，青少年时代的陈宝琛接受了良好的儒学教育，有很好的传统文化基础。另外，他接受了儒家"忠孝"的道德观，在其以后的人生旅途中一直恪守这一封建道德准则。

同治七年（1868）到光绪十一年（1885），这是陈宝琛进入仕途，积极言事的17年。陈宝琛职位几经变动历任翰林院编修、侍讲、右春坊右庶子、翰林院侍讲学士、内阁学士兼礼部侍郎等职，并多次出任各地考官、学证等。在此期间，陈宝琛仕途得意，昂扬奋发，积极上奏评议时政，弹劾权贵，如在"俄约""球案"中义愤填膺，强烈批判误国庸臣，呼吁对外采取更加有力强烈的方针，在"庚辰午门案"中敢于对慈禧犯颜直谏。陈宝琛因其直言敢谏而名动京城，威望日高，成为"天下相望风采"的"清流四谏"之一。

从光绪十一年到宣统元年（1909），这是陈宝琛闲居故乡，积极创办教育的25年。积极参与教育事业，尤其是新式教育的发展。光绪二十四年（1898），陈宝琛主持鳌峰书院，尝试引入新式课程；光绪二十六年，他创办东文学堂，主要开设日语等课程；光绪二十九年，他将东文学堂改成全闽师范学堂，开展各类教育；光绪三十一年，陈宝琛发起和创办福州乌石山女塾，开展女子教育。

宣统元年（1909），宣统登基后，陈宝琛奉诏开复原缺，重入仕途。宣统三年，陈宝琛为毓庆宫授读，成为"帝师"。辛亥革命后，陈宝琛仍效忠清室，矢志不移，因撰写《德宗本纪》和《德宗实录》，加封太傅。1931年，溥仪在日本人的诱使下，担任伪满洲国执政，走上背叛民族道路，陈宝琛劝阻未成，亦未随行。之后数次赴东北劝溥仪不可成为日本之傀儡，虽终未成功，但保持了其一生爱国名节。1935年，陈宝琛因病逝世于北京寓所，享年

87岁。

"光绪初，广开言路，一时台谏争以搏击相高"，"清流"崛起。清流的主要成员集中在翰林院、都察院、詹事府、国子监等中央机关。据研究，其中属于讲官即翰林官，属于言官即科道官系列，六部中只占一小部分。他们大多为进士出身，且年少得志，具有强烈的以天下为己任的意识。

晚清清流派所以为人称道，是因为其义无反顾、毫不畏惧甚至不惜触怒龙颜的台谏之风。吴可读的尸谏，向来为人所叹服。陈宝琛依照律例、犯颜直谏的台谏之风也令人钦佩。陈宝琛与张佩纶、宝廷、张之洞并称为"四谏"，后被视为"清流党魁"。《一士谭荟》中记载，"陈宝琛于同治间入翰林，光绪初年，与之洞及张佩纶、宝廷等同为清班中最以敢言著者，主持说议，风采赫然，锋棱所向，九列辟易，时称清流党焉。"在这种环境下，陈宝琛真正做到重名轻利，奉公守法，对营私舞弊的重利者十分鄙视，这种风骨使他引以为荣，视之为言官应具有的素质。

黄濬在回忆陈宝琛时曾言："近人但称之为清室太傅，状貌询询，而未知六十年前，此老固踔厉风发，朝中目为清流党魁也。"这是对陈宝琛早期甚至是一生政治生涯的最高评价。可见陈宝琛在晚清清流中的重要地位。

在同光派福建诗人群中，可以和郑孝胥比肩、成就较大的有陈衍、陈宝琛、沈瑜庆等人。陈宝琛家族在福建有着崇高的地位，明清两代科甲鼎盛。他在21岁时就被点为翰林，后又和张之洞、张佩纶、宝廷四人成为清光绪年间的清流领袖。年轻时他志在用世，直到光绪十一年（1885）居乡才留心诗歌创作。

他的《沧趣楼诗集》（以下简称《沧诗》）（十卷），共收入古今体诗791首，另附录《听水斋词》40多首。诗作起于丁亥（1887），终于乙亥（1935），裒集了诗人近半个世纪的诗歌作品。陈宝琛早年跻身政坛，以身许国，勇于言事，未克言诗。光绪十一年中法战争后期，陈宝琛终因积怨慈禧，得罪权贵，被贬黜归里，达25年之久。在这段时间里，他"戢影林壑，系心君国，苫抱伟略，郁而不舒……遂假吟咏自遣"，写下了不少反帝爱国、关心民瘼，以开放视野融通中外的优秀诗作，表明他是一位能随时代进步潮流、关心国家命运、坚持民族正义、主张御侮图强的正直爱国诗人。

陈宝琛诗歌的最大特色，是体现了生逢封建王朝末世的政治家对时事的关注与无奈。作为清流的代表人物之一，陈宝琛面对日益严重的政治危机，上了很多的奏折以图挽救时局，他的许多意见在当权者和后人看来是书生论政，过于理想化，但对陈宝琛来说，是怀着满腔热情去实现的。二十多年闲居乡里，心中的幽愤是不言而喻的，诗中时时流露出他对国家、民族前途的担忧。

晚清以来，列强的侵略使中国面临"千古变局"，陈宝琛认识到此时的外患与前代相比，既多又强，且"古者夷狄之祸，或受患在偏隅，或连兵仅数载，从未有合海外数十国蚊聚蜂起，扼喉隘而据腹心，痛剧创深如今日者。"面对这种危局，他提出了"仅以前古驭敌之道治之，恐未尽也"的疑问，得出了要振衰起废，就不能因循守旧，墨守成规，而是"非兴学育才无以相济也"。由此可见，陈宝琛在当时已经认识到要革故鼎新、力图自强，则教育自需重视。在闲居家乡期间，他热心于教育事业，在发展师范教育、创办女子教育和推行实业教育等领域出力甚多。

主办高等教育。"癸卯学制"颁行后，陈宝琛按要求，于光绪三十三年（1907）正月在福建师范学堂内增设优级师范选科，学校遂改名福建优级师范学堂，福建高等师范教育由此诞生。光绪三十一年陈宝琛还兼任福建高等学堂监督，直到宣统元年（1909）复出。至此，福建省当时仅有的两所高等学堂在陈宝琛的运筹下，培养出许多优秀人才。

兴办普通中等教育和外国语教育。光绪二十二年，陈宝琛等于南台苍霞洲林纾旧居创办"苍霞精舍"，后改名"福州公立苍霞中学堂"。这所带有新式学堂特点的讲舍，"实在福建开办各项学堂之先"。光绪二十四年七月，由孙幼谷、陈宝琛等捐资创办福州东文学堂，聘请日人为东文教习。该校实质上是一所为预备留学而设的日语学校。

开创中等师范教育。光绪二十九年为解决新式学堂师资紧缺问题，东文学堂改组扩充为官立全闽师范学堂，陈宝琛亲任监督。光绪三十二年，学堂改名福建师范学堂。同年，陈宝琛支持其夫人王眉寿创办女子师范传习所。宣统元年（1909），传习所改名福州女子初级师范学堂，并附设幼稚园。全闽师范学堂是福建省第一所也是唯一一所设有全科的师范学校。

倡办实业教育。1. 首创私立福州蚕桑公学。该校创办于光绪二十六年（1900），是福建最早的实业学堂。2. 创办福建官立中等商业学堂。光绪三十二年，成立福建官立商业学堂，陈宝琛为第一任监督。次年，改名福建官立中等商业学堂。3. 创办福州农事试验场农业别科，即福建官立农业学堂前身。4. 创建女子职业学堂。光绪三十三年创办福建女子职业学堂与蚕桑女学堂。这两所职业女子学堂培养了一批掌握熟练技艺的女技术人员，在社会上影响甚大。

近代化进程对人才的需求与办学自身规律之间的协调统一，使近代教育呈现出类型备集、层次分明的格局。陈宝琛深明办学堂奥，他在实践中力促基础教育，致力师范教育，倡办实业教育，开设女子教育，举办成人教育，推广普及教育，使福建教育在门类上臻于完备，并在层次上呈现出有序性和多样化，诸如基础教育从幼儿园、小学，直至中学。小学有初高级之分；中学有普通中学堂与实业中学堂之别；普通中学堂还有初、高级之设；高等教育有预科、专科、本科三个层次，初步形成了近代新式教育体系和格局，较好地适应了福建近代化对人才的需求。

光绪三十三年所办的福建优级师范学堂，近年被确认为福建师范大学的前身，陈宝琛因此也被视为该校的首任校长。此外，他还在福建兴办铁路，关注地方经济的发展。

总之，陈宝琛是一位很值得敬重的先贤。在晚清的这场教育改革中，陈宝琛不愧为近代福建新式教育的开拓者、实践家和奠基人。

凭此而论，陈宝琛所开创的福建近代教育事业为国家培养了不少出类拔萃的人才，教泽绵长，垂范后世，谅非溢美之词。但也应当看到，陈宝琛以儒学为本位的忠君思想，延缓了他从书院教育向近代新式教育嬗变的进程，限制了他创造才能的发挥和进步思想的发展。陈宝琛虽然清醒地看到科举取士的弊端，但他不能像严复那样大胆提出废科举的主张。这便决定了陈宝琛的近代新式教育实践既有顺乎时代潮流，开一代改革新风的先进性，又有拘于封建伦理、照章办事的迂腐性。中国半殖民地半封建的国情决定了近代教育改革所催生的婴儿先天发育不良且带有割不断的封建血统——这正是人们不能苛求于陈宝琛的原因。

（谢彪）

林 纾

林纾（1852—1924），字琴南，号畏庐，又号冷红生，晚年自称蠡叟、践卓翁、春觉斋主人、畏庐老人等，清光绪八年（1882）壬午科举人，近代著名文学家、翻译家、教育家、书画家。

清咸丰二年（1852）十一月八日，林纾生于闽县（今福州）一个小商人家庭。其父林国铨早年随盐官在建宁从事盐务生意，后因盐船触礁沉没，资财赔偿殆尽，便远赴台湾，另求生计。可他到台湾后，经商又亏了本，以致连回家的路费都没有。林纾儿时家里很穷，只靠母亲、姐姐做针线度日，有时几乎到了断炊的地步。直至叔父林国宾有了职业，父亲也有钱寄回家时，一家老小才得温饱。

林纾虽然家穷，但学习却极为勤奋。他9岁入村塾，11岁跟同乡薛则柯读书。薛是个无意仕进的穷塾师，性情放达，给林纾讲授杜诗、欧文，从而培养了他的读书兴趣。林纾爱读书，而又无钱买书。有一天，偶尔在叔父的书柜里找到《毛诗》《尚书》《左传》和《史记》等藏书，如获至宝，日夜诵读。他每月把零花钱节省下来，进城向旧书摊买残本《汉书》及零散的古籍阅读，不几年就积书三橱之多。他在墙上画了一具打开盖子的棺材，并在旁边写"读书则生，不则入棺"几个字，作为自己的座右铭，时时鞭策自己。19岁那年，祖母及父亲相继病逝，丧葬接踵，家境甚为凄凉，他仍借母、姐刺绣灯光苦读，每晚必终卷才就寝。林纾20岁起患肺病，10年间发病10余次，常常咯血，但他没有一天不读书。自13岁至20余岁，校阅残烂古籍不下2000卷。31岁结识李畬曾，又借读了李氏兄弟的藏书三四万卷。他学习的范围很广，不仅对各种书籍群观博览，而且还拜石颠山人陈文台学画。早年的刻苦力学，为他后来的翻译、写作和绘画打下了坚实的基础。

和当时的许多读书人一样，林纾也想通过科举考试求取功名。他20岁前在朱韦文门下学过制举文，28岁入县学，31岁中式为举人。嗣后又屡赴礼部试，但多次赴试都落第，终生未入仕途。咸丰十一年（1872），21岁的林纾开始在村塾教书；25岁设馆课蒙；46岁时任"苍霞精舍"汉文总教习。光绪二十五年（1899），林纾掌教杭州东城讲舍，并决定从此放弃科举，一心教书。光绪二十七年，50岁的林纾举家迁居北京，在京期间，先后任金台书院、五城学堂、京师大学堂、高等实业学堂、闽学堂等学校讲席或总教习，讲授"国文修身""大学经文"等课程；1915年，任徐树铮创办的正志学校教务长。1923年，72岁高龄的林纾还应邀任励志学校讲席。林纾一生中除几次短期中断外，几乎没有离开过讲堂。他在京城20年，弟子就有3000多人，加上闽学堂和箴宜女校兼课所授之徒，可谓桃李满天下。林纾虽然饱读传统典籍，满怀爱国热情，但从不盲目排外。光绪二十三年春，林纾迁居下杭街天王巷，与当时回闽奔丧的邮传部尚书陈壁、农工商部员外郎力钧、奉天河北道孙葆缙等友人合作，利用他在苍霞洲的旧居创办了苍霞精舍，这是福州最早的新式学堂之一。林纾被聘为汉文总教习，亲自给学生讲授《毛诗》《史记》等。学生每天早上学习英文和数学，中午学经，下午学史，晚上则点起蜡烛复习数学。教学内容除汉文外，还开设了数学、英文、历史、地理、时务等新式课程。这样的课程设置，与林纾教育救国的思想密切相关。他认为，教育必须要"治新学"，即指包括外语、工商和具先进思想的西学。他曾说，欧洲人志在维新，坚持学习新思想与新知识，而我们国人却一味嗜古如命，这样下去一生都接触不到新知识。除了创立新式学堂，林纾在儿童教育与女性教育上都提出了领先于时代的主张，发出了历史的先声。

　　林纾走上翻译道路实属偶然。他46岁那年，发妻刘琼姿病故。林纾为此郁郁寡欢。在家人劝说下，他到福州马江一位叫魏瀚的朋友家中散心。魏瀚介绍船政学堂的法文教官王寿昌和他合译小说，想让他从丧妻的痛苦中解脱出来。林纾因而与王合译法国小说家小仲马的名著《茶花女》，定名为《巴黎茶花女遗事》，初版于光绪二十五年在福州刊印100本，专供林纾、王寿昌、魏瀚分赠亲朋好友。此书内容新鲜，译笔凄婉有情致，后在上海经汪康年出资重刊后，"中国人见所未见，不胫走万本"，一时间，洛阳纸贵，风行海内。在中国历来被视为小道的小说，经过林纾简洁优美而又蕴藉情深的文言文翻译，散发着动人心魄的冲击力量，赚取了无数国人的眼泪。严复曾为此写诗赞曰："可怜一卷《茶花女》，断尽支那荡子肠！"此后20多年间，不谙外文的林纾，先后与陈家麟、魏易等精通西文的才子们合作翻译，几乎每年都有几种译著印行，最多的年份竟有10余种。关于他翻译作品的总数，说法不一。据其女婿李家骥在《林纾翻译小说未刊九种前言》中所说，共有181种。他翻译的小说，原著出自英国、法国、美国、俄国、德国、希腊、瑞士、挪威、日本、西班牙、比利时等11个国家的近百位作家。这是一个十分惊人的数字，所以谭正璧说："称（林纾）曰'译界之王'，谁曰不符？"上自当朝大臣、文人名士，下至普通百姓、少男少女，都成为"林译小说"的读者。鲁迅、周作人、郭沫若、钱钟书、朱自清、冰心、庐隐等作家，都有过一段嗜读林译小说的经历。林纾绝大多数的译作都有序跋，这是"林译小说"的一大特点。他通过翻译和序跋，打开了国人的文化视野，架起了一座沟通中外文学的桥梁。从这些序跋中，我们可以读出林纾翻译小说的动机与思想，触摸到他内心深处的爱国情怀。在《不如归序》中，他写道："纾年已老，报国无日，故日为叫旦之鸡，冀吾同胞警醒。"他心中汹涌着救国危亡的爱国激情，为了国家的强大和民族的觉醒，数十年孜孜不倦地翻译小说，甘做中华"叫旦之鸡"，用古文创造了翻译小说辉煌的业绩，成为前无古人、后无来者的奇特的文化现象。

在林纾的书房里，左右摆着两张桌子。左桌高至肋下，用以作画；右桌如常，用以作文翻译。他一会儿站着画画，一会儿坐着译书写作,很少停下来休息。他年复一年地坚持,不但翻译了数量惊人的外国小说,而且在创作上也很有收获。他打破了旧小说的章回体,创作了以"国事为经,爱情为纬"的长篇小说《金陵秋》《京华碧血录》《劫外昙花》《巾帼阳秋》等。他突破传统体裁的束缚,创作了以社会事件为题材的传奇《天妃庙传奇》《合浦珠传奇》《蜀鹃啼传奇》。林纾的诗集有《闽中新乐府》《畏庐诗存》,古文则汇为《畏庐文集》《畏庐续集》《畏庐三集》,均由商务印书馆印行。此外,尚有《技击余闻》《畏庐琐记》《畏庐漫录》等笔记小说多种。除古文与翻译外,他成就较高的还有绘画。林纾向石颠山人陈文台学画26年,"得山人翎毛用墨法,变之以入山水",有所创新,著有《春觉斋论画》。晚年更致力于作画。70高龄还每天数个小时站在画桌前苦心经营。他的画不是敷衍之作,即使是一小幅也不仓促挥毫,非数日不脱手。其山水画境界开拓,笔力精到,有诸多佳作。林纾每作一画必草一绝句于其上,写下了许多的题画诗,时人称他为"能诗善画"者。

　　林纾不入仕途,一生从事执教、译书、作文、绘画,但他始终胸怀炽热的爱国心,关心国家盛衰、民族存亡。他说:"天下爱国之道,当争有心无心,不当争有位无位。"光绪十年(1884),中法战争爆发,法军入犯闽海,福建水师败于马江,伤亡700余人。同年九月,朝廷派左宗棠督办福建军务。十一月,左抵福州时,林纾与好友周莘仲拦马告状,陈诉马江败迹,表现了强烈的爱国热情。光绪二十一年，李鸿章与日本首相伊藤博文签订了丧权辱国的《马关条约》，林纾与陈衍、高凤岐、卓孝复等人上书抗争，反对割让辽东半岛及台湾、澎湖各岛。"戊戌变法"前夕，林纾在福州常与朋辈谈新政，议图自强之策。《闽中新乐府》就是这时与友人谈时务，以"愤念国仇，忧悯败俗之情，发而为讽刺之言"的作品，颇能代表他当时的思想。在帝国主义列强的侵略下，中国人民的反帝斗争日益高涨，光绪二十四年（1898）资产阶级维新派发起维新运动。这年春天，林纾北上赴京，在李拔可寓所与维新派人物林旭相会。当康有为发动公车百余人上书之后，林纾也与高凤岐及清宗室寿富三往御史台，上书评论时局。5年后，他还说，"每闻青年人论变法，未尝不低首称善"，仍认为应当维新变法。

　　林纾一生尊古崇古，主张古文和白话可以并存，白话文必须扎根于传统文化之中。在"五四"新文化运动中，有人提出要废除古文。林纾并不反对白话文，早年曾写过《闽中新乐府》支持维新，客居杭州时也曾为同乡、著名报人林白水办的《杭州白话报》写过白话道情。他反对的是"尽废"古文，反对用白话文全面取代古文。作为一介书生，一名古文学家，他理解不了兴废之间的矫枉过正，只知道古文是自己心目中民族文化传统的命脉，神圣不可侵犯。因此，在这场历史上著名的文白之争中，被尽废古文主张激怒了的林纾，为了捍卫民族的传统文化，怀着挽狂澜于既倒的神圣责任感挺身而出，以他独有的认真、执着和狂态,作小说《荆生》《妖梦》,并致信北大校长蔡元培,单枪匹马与新文化运动阵营对垒叫阵,为传统文化的延续而抗争,以致成为新文化运动的靶子,变成因循守旧的遗老代表、历史上的悲剧性人物,惨淡收场。其不合时宜的种种举动,却也和新青年的干将们一道,组成了"五四"新文化波澜壮阔画卷中的多彩底色。

1924年6月,劳苦一生的林纾病倒了。重病缠身的林纾,仍抱病去孔教大学讲授最后一课,内容为《史记·魏其武安侯传》。他逝前一个月所写的《遗训十事》,其中之一便是"古文,万不可释手,将业必为世宝贵"!10月9日清晨,林纾去世。弥留之际,已不能说话,仍坚持用手指在儿子林琮手中写下最后遗言:"古文万无灭亡之理,其勿怠尔修!"坚信古文将长久流传,要求儿子不能松懈对古文的学习。此情此景,悲壮感人,显示出他捍卫传统文化的坚定信念。

(庄恒恺)

严 复

严复（1854—1921），曾名传初、体乾、宗光，字又陵、几道，晚号瘉壄老人，侯官县（今福州市区）阳岐村人。

清同治五年（1866），严复以第一名考入福建船政局求是堂艺局（后改船政学堂）学习驾驶，五年期满毕业，先后到"建威"船和"扬武"舰实习。光绪三年（1877），为船政局派出第一批留英学生，先入抱士穆德大学肄业，后转格林威治海军学院。在英期间，除学习海军专业知识外，留意观察英国的社会制度，研读西方社会科学书刊，比较中西学术政制的异同，深受达尔文《进化论》的影响。光绪五年归国，任福建船政局教习。翌年，调任天津北洋水师学堂总教习，兼俄文馆总办。任职期间，四度参加乡试均落第。光绪十五年，捐得道员头衔，升为水师学堂会办；次年，升为总办，加叙海军副将。中日甲午战争后，严复着手翻译外国社会科学著作，将《天演论》等书介绍给国人。光绪二十一年，在天津《直报》上先后发表《论世变之亟》《原强》《救亡决论》《辟韩》等政论文章，宣扬西方科学技术和自由、平等学说，介绍达尔文进化论和斯宾塞社会学原理，批判韩愈"君权神授"论，提倡鼓民力、开民智、新民德，变法图强。翌年，协助张元济在北京办通艺学堂，提倡西学。次年，与人在天津创办《国闻报》，发表《上皇帝书》，主张学西学与民主自由，鼓吹变法自强。光绪二十四年，德宗在百日维新期间召见严复。变法失败，虽仍任天津学堂总办，但《国闻报》被查封。光绪二十六年，避居上海。同年七月，维新派人士在上海组织"中国国会"，被推为副会长。光绪二十八年，任京师大学堂编译局总纂。光绪三十年，因煤矿讼案往英办交涉。在伦敦晤见孙中山，坚持改良，不赞同推翻帝制。翌年八月，在上海帮助马相伯创办复旦公学，后任安庆师范学堂监督。光绪三十四年，再度进京，任学部审定名词馆总纂。自甲午战争直到光绪末年，严复致力于翻译工作，主要译著有：赫胥黎《天演论》（光绪二十二年至光绪二十四年），亚当斯密《原富》（光绪二十七年），斯宾塞《群学肄言》，约翰·穆勒《群已权界论》《名学》，甄克思《社会通诠》（光绪二十九年），孟德斯鸠《法意》（光绪三十年至宣统元年[1909]），耶芳斯《名学浅说》（宣统元年）等。特别是《天演论》以"物竞天择，适者生存"的进化论观点，唤起国人救亡图存之志，影响极大。严复翻译态度严谨，他首倡"信、达、雅"三条翻译准则，至今仍为学术界和翻译界所推崇。宣统元年，赐严复文科进士出身，任严复为宪政编查馆二等咨议官、度支部清理财政处咨议官及福建省顾问官。宣统二年，充资政院议员、海军协都统。宣统三年，授海军部一等参谋官。1912年5月，袁世凯聘请严复担任北京大学校长兼文科学长。翌年，任总统府顾问。严复提倡尊孔读经，为孔教会发起人之一。1914年，任参政院参政、约法会议议员。翌年,袁世凯指使杨度等人组织"筹安会",鼓吹反对共和,恢复帝制。杨度三次走访严复,邀他为发起人。8月,"筹安会"成立,严复名列第三,成为"筹安六君子"之一。严复没有申明反对,也没有参与"筹安会"活动。帝制失败,"筹安会"诸人受到通缉,严复避居天津,自叹:"当断不断,虚与委蛇,名登黑榜,有愧古贤。"1918年,返故乡福州养病;1921年病卒。生平译著汇刊为《严译名著丛刊》,另有《严几道文钞》《瘉壄堂诗集》行世。

毛泽东曾赞赏道:"洪秀全、康有为、严复和孙中山代表了中国共产党出世以前向西方寻找真理的一派人物。"严复可谓是中国近代系统地介绍和传播西方资产阶级政治学说和文化制度的第一人。

严复所处的时代八股盛行,国外留学归来之后,他深感中国封建社会科举制度严重阻碍了国家的发展。为此,他总结自己的教学经验,结合国外的科学研究方法和教学方法,以提高教学效率为目的,探索新的教学方法。他强调要在教学中运用西方科学的治学和教学方法,因材施教,通过学习开发学生智力,做到融会贯通和学以致用。严复结合斯宾塞、洛克、卢梭等人的教学理论,提出了教育目的论、三育论和教育救国论的思想。

当时社会找寻救亡图存的方法一般都是把重点放在科学技术层面,然后才是关于政治、文化的研究,而严复属于首批研究文化的学者,他把中国当时的情况和留学时期学到的西方情况详细的研究、对比，最终他得出了用教育来实现救国的理论。中国曾经历过无数次的改革，严复已经渐渐感受到通过改革不能救中国，所以在平日里他对政治改革不做任何举动。戊戌变法发生后，严复对维新派和革命派都不支持，所以他专注于翻译外国书籍上，关注如何通过教育来实现救国。由于思想的局限性，此时的严复不知道教育改革与政治、经济的关系，但是此时的严复能明确教育的重要作用是值得肯定的，他觉得全面地、系统地学习西方教育内容、教育方法与教育模式，这样才能培养出实现国家救亡图存的现代国民。

在中西文化比较的过程中，严复明确了学习西方文化教育的思想，但他并没有用西学来完全取代中学，也没有割裂中国文化资源与中国近代文化教育建设之间的联系。严复向中国人宣传西方文化，注意从中国社会的现实出发，有选择、有针对、有批判地取其精华，去其糟粕，而不是一味的拿来主义态度。严复所精心翻译、精心研究的西学著作、知识、观点、方法，均以中国精神、中国意义、中国语言融于其中。

发展中国教育在他从事的教育实践中得到了充分体现。他在担任北大校长期间，以其洞识中西的远见卓识，从大学师资、大学教育等方面提出了向西方学习，改革中国旧教育的办学思路。他要求学校师资以本国为主，但应兼通中西。理科教育要从科学方法论高度提倡西学。对文科教育则认为，大学文科、东西方哲学、中外历史、地理、文学应该兼收并蓄,广纳众流,才能有所成就。因此,要求所招学生于西方根底深厚,在中文方面也没有鄙夷先训的思想,认为这样中西学兼治才能有益。严复的这种办学思想,打破了中国原有的办学框架,为中国教育的发展提供了一个崭新的模式。甲午战争后严复痛感国家落后,民智未开,从1898至1909年先后翻译了《天演沦》《原富》等多种西方社会科学名著,在当时和后来都产生了震撼人心的影响,其中最著名的是翻译英国人赫胥黎的《天演论》,运用"物竞天择,适者生存"的生物进化理论,来宣传"优胜劣汰"的社会进步思想,对戊戌变法运动起了很大的推动作用。他才兼文理,学贯中西,是中西文化交融的开拓者,是将西学传入中国的第一人。

严复教育生涯中终其一生主张"教育救国""救国之本在于教育"理念,并因此成为近代中国教育救国论的杰出代表人物之一。严复教育救国论思想主要内容在于:

(一)教育救国论产生的理论基础

严复崇拜英国学者斯宾塞,斯宾塞的社会学说对严复提出的教育理念影响巨大。斯宾塞认为,一个国家强弱存亡,是由一个国家的"体魄的强弱""百姓的聪明智虑与否""施行德行仁义的强弱"所决定,简称为力、智、德。严复把"力智德"作为标准考察中西方的实际状况差别,从这三方面着手,就应该废除那些妨碍百姓民智发展的政令,提高教育的重视度以提高国民素质。

(二)教育救国论产生的现实条件

当时的中国社会正经历着巨大改变，西方列强用枪炮对中华进行破坏，对民族的生存提出了尖锐挑战，特别是甲午战争的失败，给中华民族带来空前严重的民族危机。此时的严复参照留学英国期间学到的西方资本主义社会各类科学理论知识，深层次地剖析与探究失败的原因。严复曾连续在天津《直报》上发表了《原强》《救亡决论》等文章，从这时期的文献中，我们不难看出他的主张是建立在对中西方政治与哲学思想的了解上，进行多方面分析比较而得出的。在中西文化的比较研究过程中，严复曾指出，西方的近代文明已远远超过中国的传统文化。中国封建思想文化深深地影响着国民，最终形成民力已荼，民智已卑、民德已薄的局面，因此，即使有富强之政，亦难以实行。由此，严复认为中国在军事的失败，主要是因为落后的民族传统文化和低劣的民众素质。要改变现状，唯有从根本上着手，即鼓励民力、拓展民智、新兴民德。教育事业对这三者的发展起到重要的作用，因此，只有经过深刻的文化教育变革才能挽救国家于危难之中。至此，严复从教育方面着手，提倡西方文化并进行传播，全面提高国民文化素质以实现救国目的的思想主张，其实质就是"教育救国"的思想。这种教育救国思想也随着国家的发展而不断进步、完善。

（三）教育救国论的核心内容

严复教育救国思想的核心就是全面系统地学习西方文化与知识，以达到教育救国的目的。要想学习西方文化就要先从西方人的学习思维方式开始学起。严复觉得西方的学术是推崇真实,而法律则以公正为首。基于此,严复建议以实践为基础来得出结论进行归纳。英国的教育学家培根主要研究这方面的内容,严复非常赞同,并拿出很多时间来研究西方逻辑学、哲学与生物科学,并且探究西方的教学方法,强调做任何事都是得其法才能事半功倍。借用西方的教学制度与方法,推动当时的学校教育,根据国情制定适合当时社会背景的教学形式与制度。教学制度初步定为小初高三个年龄段的学堂,并成立专门的师范学校培养专职教师,不能轻视学校的功能,普及学校教育才是根本。此时的教育带有一定的强制性,子女如果不读书就应该惩罚他的父亲母亲,并且严复希望女孩能与男孩一起学习,接受相同的教育。

在中西文化教育的比较中,严复清醒地看到了中西文化教育之间的先进与落后,承认科学与民主是近代西方社会与学术的命脉,中国社会、学术有别于此,但严复并没有就此肯定科学、民主与中国文化教育是完全相悖的因素。他主张引进西学,使中国文化与西学相结合,在吸收西学的过程中不断改进自身,以发展中国自身的文化与教育。

清朝末年,甲午海战的惨败,再次将中华民族推到了危亡的关头。此时,严复翻译了英国生物学家赫胥黎的《天演论》,宣传了"物竞天择,适者生存"的观点,该书问世产生了严复始料未及的巨大社会反响。维新派领袖康有为见此译稿后,发出"眼中未见有此等人"的赞叹,称严复"译《天演论》为中国西学第一者也"。

《天演论》以"物竞天择、适者生存"的生物进化论阐明了自然、社会、国家的演化规律，针对当时实际情况，提出了救亡图存的理论方针，提倡鼓民力、开民智、新民德、自强自立口号。戊戌变法失败以后，严复创办的《国闻报》被查封，"通艺学堂"被停办。严复在极度失望和沉痛中放弃了变法的活动，潜心翻译西方著作。严复翻译的著作内容涉及哲学、经济学、社会学、逻辑学、法学、政治学，因此，被称为"近代中国系列翻译介绍西方资产阶级学术思想的第一人。

（谢彪）

陈 衍

陈衍（1856—1937），小名尹昌，字叔伊。号石遗，晚署石遗老人，福建侯官（今福州）人，"同光体"著名诗人。宣统元年（1909）秋，任京师大学堂史学教习。1915年兼主法政学校文字学讲席。1916年春，应福建民政长许世英之聘，任《福建通志》总纂；冬，辞去北京大学教席。1923年，应厦门大学校长林文庆之邀，主大学文科。1926年，辞去厦门大学教席，其后任上海暨南大学文科教授。1931年，至无锡。佐唐文治主国学专修学校讲席。1932年春，避居唐宅，终日相与谈经论史。1937年9月病逝。著有《石遗室诗话》前编三十六卷、续编六卷，《石遗室诗集》十卷，附补遗一卷、续集一卷，《石遗室文集》、续集、三集、四集，《石遗室论文》、《石遗先生集》（一函十三册）、《伦理精义》《诗学概要》《音韵表微》《要籍解题》《台湾通纪》《周礼释义辨证》《史汉文学研究法》《陈石遗先生谈艺录》（陈衍讲，黄曾樾记）等书；纂有《闽侯县志》；辑有《近代诗钞》（三函二十四册）、《辽诗纪事》《金诗纪事》《诗评汇编》《元文汇补续》《石遗室师友诗录》《渔洋山人感旧集小传》（清卢见曾辑，陈衍补）等书；评选有《宋诗精华录》。

陈衍，清咸丰六年（1856）四月初八日生于侯官县城东北井楼门内龙山之麓。是年，父用宾（吉甫）年50，据

《易经》系辞："大衍之数五十。"名之曰衍。3岁，随父读。4岁，诵《千家诗》，喜"花开红树""绿树荫浓""黄梅时节""去年花里"诸首，别有会心。5岁，读《四书》《毛诗》《左传》。年14，家居习举业。同治十二年（1873），年18，四月，入邑庠，为诸生。十三年二月，考取致用书院；十月，与萧道管结婚。

光绪四年（1878），陈衍完成《说文举例》七卷。光绪八年九月举于乡，同榜有林纾（琴南）等人。光绪九年，陈衍北上赴礼部试，报罢，遂无意进取，同年完成《说文辨证》十四卷。光绪十一年，辑《元诗纪事》成。光绪十二年，完成《礼记辨证》五卷。光绪十五年五月，应湖南学使张亨嘉（铁君）之招入湘，时阖郡生童卷共1.8万，阅卷者六人，由陈衍总其成，无一卷不经眼，两次得士有熊希龄等人。光绪十六年夏，陈衍任上海方言馆汉文教习，同年刻所著《考工记辨证》三卷、补刻一卷。光绪二十一年（1895）春，陈衍与林纾、卓孝复、高凤歧等叩阙上书，抗争日本占我辽阳、台湾、澎湖诸岛事。光绪二十三年七月，同乡陈季同等人与洪述祖集资创刊《求是报》，月出三册，多译格致实学以及法律规则之书，林旭力荐，由陈衍任主笔；八月，《求是报》第一册出版；十一月，陈衍在《求是报》第九册发表《论中国宜设洋文报馆》一文，主张"延访中国通人，贯通中外时务者数人，为中文主笔，举所谓务材、训农、通商、兴工、敬教、劝学、使贤、任能各要务，备筹所以整顿之法，皆实在可言可行者，实为论说，又举西人向来之欺我者，……皆翻译洋文，刊之报纸"。同年，完成《尚书举要》七卷。

光绪二十四年初，应湖广总督张之洞之招，留鄂办理一切新政笔墨，暂任官报局总编纂，遂辞去《求是报》主笔职务，去后杂志停刊；二月，张之洞找梁鼎芬促陈衍入都会试；三月，离鄂入京，时言变法者蜂起，陈衍作《戊戌变法榷议》十条。春，与张之幕僚梁鼎芬、王仁俊、朱克柔等筹办《正学报》，以昌明正学、弘扬圣道为宗旨。八月，"戊戌政变"起。九月，张之洞新政一切停顿，官报亦停，令陈衍入幕府，筹办《商务报》，以研究实业为主，计划月出三册。是时，沈曾植以京曹主武昌两湖书院史府，博极群书，陈衍所居与沈曾植寓庐相密迩，谈诗过从极欢，有作必相夸示，常夜半叩门，平生论诗。时郑孝胥亦在武昌，投陈衍诗索和，陈衍与郑孝胥、陈三立一时争雄。光绪二十五年春，《商务报》第一册出版；六月，陈衍译《商业博物志》成，分植物、动物、矿物三门。光绪二十六年，译成《货币制度论》《商业经济学》二书；同年长子声暨、次子声渐死于庚子天津之难。光绪二十七年，译成《商业开化史》《商业地理银行论》。

光绪二十八年十月，两江总督张之洞、漕运总督陈夔龙奏保陈衍经济特科人才。光绪二十九年春，兼两湖书院监督梁鼎芬聘陈衍充国文兼伦理学教习，并兼湖北方言学堂国文教习；夏，陈衍离鄂入京，以保荐人员至保和殿应经济特科考试；但因为他多年未应试，在文章开头仍按旧格式顶格书写,因而被作为"违式"卷,不予送阅。对此次落选,陈衍不悲反喜,认为是塞翁失马。他说:"设不幸而取,又用知县,则吾所固有而不为者也,岂不冤哉。"取是冤,不取反是幸事,这是因为他去应试本身就是"徇广雅之期望,勉强就试"。十一月,陈衍任武昌府立师范学堂国文教习。光绪三十年三月,张之洞回任湖广总督,改《商务报》为官报局,任为官报局总理;秋,总督连下三委札,一督署文案委员,二商业学堂监督,三帮办洋务局,皆道员差事,仍兼官报局总理,遂辞去各学堂教席。光绪三十一年三月,陈衍开刻《石遗室诗集》三卷;十一月,诗集刻竣,自为一叙;冬,辞去商业学堂监督,张之洞任为汉口商务局帮办,并代捐候选六部主事。光绪三十三年三月,辞职入京,派在学部总务司审定科兼参事厅行走,又兼京师大学堂经学教习。九月,以原官候选主事改候补;秋,兼礼部礼学馆纂修。宣统元年(1909)秋,任京师大学堂史学教习。

1912年10月,陈衍答允为梁启超《庸言报》半月刊撰述《石遗室诗话》。陈衍喜说诗,《石遗室诗话》连载至数十万言;12月,《庸言报》第一号出版。1913年10月8日,值重阳佳节,撰《石遗室文集》自叙。1914年4月,参加袁克文西苑流水音修禊之会;秋,与陈宝琛、严复、傅嘉年等15人,参加林纾发起之"晋安耆年会"。1915年8月,杨度等承袁世凯意旨组"筹安会",鼓吹帝制;12月,施愚等擅以陈衍之名列于硕学通儒劝进表之首,闻报,即致电请速为之除名。同年，兼主法政学校文字学讲席。1916年春，应福建民政长许世英之聘，任《福建通志》总纂；夏，开志局于乌石山沈文肃公祠中；冬，辞去北京大学（原京师大学堂）教席，荐江瀚代之。1919年秋，刻《尚书举要》七卷、《说文举例》七卷、《说文采证》十四卷；冬，纳妾李柳；同年商务印书馆印行《元诗纪事》一函十四册。1920年春，结"说诗社"。

1922年1月，《福建通志》全稿告成，凡六百余卷，约一千万言，1938年《福建通志》全书出版。1922年，刻《石遗室文集》三集、《石遗室诗集》卷七至卷十。1923年，应厦门大学校长林文庆之邀，主大学文科。1926年，年71，辞去厦大教席。1927年，刻《石遗室诗集》续集二卷、《石遗室文集》四集一厚册成；其后任上海暨南大学文科教授。1931年，至无锡佐唐文治主国学专修学校讲席。

1932年春，以时局不靖，避居唐宅，终日相与谈经论史，又撰胡汉民《不匮室诗钞》序。1933年1月，与金天翮、李根源、张一麐等设"国学会"于苏州，由李根源任主任干事，该会"以讨论儒术为主，时有所见，录为会刊"，印行会刊《国学商兑》，由陈衍任总编辑。1935年春，钱基博敬撰《陈石遗先生八十寿序》为寿；秋，与冒广生南游广州、罗浮。1937年8月13日，以老病在原籍去世，终年82岁；殁后一月，葬于西门外文笔山之原。

纵观陈衍一生，他是中国近代著名的诗人和学者，他在文学上标榜"同光体"，主体学宋，提倡"三元"之说，在近代旧诗坛上产生过广泛影响。他的诗歌与散文创作内容丰富，形式别具个性，语言时而清苍刻峭，时而清新圆润，熔文学性与哲理性于一炉。另外，陈衍又是一位朴学家。他经、史、子、集无不淹该，他在治学时循清代乾嘉学派"经世致用"的路径，撰写出经学、小学和史学等大量著作。他又将传统的学问与当时随"欧风美雨"一起传入中国的西学相结合，撰写出《戊戌变法榷议》和《货币论》等近代政治、经济著作，它们既是近代政治、经济方面的研究成果，又是在当年提供给当权者作决策时参考的依据。最后，陈衍还是一位爱国者，他一生光明磊落、清刚劲直、淡泊名利。我们不仅要对他在文学、经学、史学、朴学等多方面的学问进行整体上的研究，还要对他进行道德和文章两方面的总体观照，才能避免出现鲁迅先生所批评过的"倘有取舍，即非全人""再加抑扬，更离真实"的偏颇，力求对他做出一个全面、公正的研究。

（胡家保）

林觉民

　　林觉民（1887—1911），字意洞，号抖飞，又号天外生，福建闽县（今福州）人。黄花岗七十二烈士之一。

　　林觉民幼时过继给叔父为子。嗣父林孝颖是当时福建的一位名士，以诗赋称于世。林觉民从小就很聪慧，在林孝颖启蒙下研习国文，读过的书过目不忘，尤其爱读庄子的文章和屈原的《离骚》。13岁时，林觉民应父命参加童试，以取得报考秀才的资格，就在考场上人人苦思冥想之时，他却挥笔写下"少年不望万户侯"7个大字，便交卷退场。

　　光绪二十八年（1902）福州创办全闽大学堂，林觉民进入学堂学习文科。当时，孙中山等人大力宣传革命和民主思想，组织革命团体，接二连三地发动武装起义。林觉民讨厌陈旧的礼教习俗，受新学思想影响很大，他如饥似渴地阅读邹容的《革命军》、陈天华的《猛回头》《警世钟》等倡导革命的著作。在革命思潮的影响下，林觉民在课余时间常常和志同道合的同学们谈论时局，慷慨激昂。他一再向同学们讲述中国非革命无以自强的看法，受到大家的赞扬和拥戴。他献身革命的壮志逐渐树立了起来，和一些同学探求祖国和民族独立自主的道路。他们经常秘密集会，组织活动。他在福州的谢家祠组织过读书社，鼓吹革命思想，还在一家外国教堂附近试验炸药，想用来组织武装暴动,但没有成功。林觉民给自己起过两个号,一个叫抖飞,另一个叫天外生,都表现了他对旧思想的抗争精神。林觉民在全闽大学堂读书期间,还显露出了突出的演讲才能,"每登台演说,顾盼生姿,指陈透彻,一座为倾",发展至后来,竟出现凡聚会无林觉民必不欢的情景,故常被同学推为学潮领袖。一次,林觉民在城内锦巷七星君庙参加题为《挽救垂亡之中国》的演说,说至沉痛时,竟痛哭流涕,拍案捶胸,刚好其校某学监也在场窃听,回到宿舍时对人说:"亡清者,必此辈也。"尽管如此,校长仍很赞赏他,曾对其父亲说:"是儿不凡,易少宽假,以养其刚大浩然之气。"

光绪三十一年林觉民在家乡和陈意映结婚。两人感情十分融洽。陈意映,名佩芳,为螺洲清代名臣陈若霖后裔,16岁嫁到林家。陈意映善诗文,是福州女子师范学堂第一届毕业生。她为人贤惠,亦颇有见识,对林觉民一往情深,体贴入微。林觉民也非常爱自己的妻子,曾对人说:"吾妻性癖,好尚与余绝同,天真烂漫女子也。"《与妻书》中林觉民痛快淋漓地表达了自己与妻子的恩爱真情:"回忆后街之屋,入门穿廊,过前后厅,又三四折,有小厅,厅旁一屋,为吾与汝双栖之所。初婚三四个月,适冬之望日后,窗外疏梅筛月影,依稀掩映,吾与汝并肩携手,低低切切,何事不语?何情不诉?"寥寥数字,二人新婚宴尔,两情融洽的情景跃然纸上。他曾撰写过一篇题为《原爱》的文章,阐述青年男女对爱情应持的态度,被人称赞为"理义公正,才情高绝"。

然而林觉民并没有沉溺在幸福温暖的小家庭中。那时候，许多对时局不满的青年知识分子，为了寻找富国强民的出路，纷纷出国留学，尤以去日本的为多。林觉民从全闽高等学堂毕业后，也希望去日本自费留学。嗣父答应了他的要求。可不过一年，嗣父给的钱就用完了。就在他别无他法，准备打道回府时，一个丁姓官费生死了，于是林觉民得以补缺，进入日本庆应大学。在这里，他攻读哲学，兼学英语与德语，决心更广泛地向外国学习，汲取各国先进思想和科学成果。他十分珍惜这个学习机会，经常读书到深夜。

留学期间，他眼见国势日衰，清政府专制暴虐，劳苦群众在水深火热中挣扎，同盟会在国内多次发动起义均遭失败，许多革命同志英勇牺牲。消息传至日本，一些同学瞻念前途，不禁颓丧气馁，有的甚至失声痛哭。每遇这种情形，林觉民便拍案而起，说："中国危殆至此，男儿死耳，奈何效新亭对泣耶？吾辈既以壮士自许，当仗剑而起，解决根本问题，则累卵之危，庶可挽救。嗟乎！凡有血气，宁忍坐视第二次亡国之惨状哉！"众闻之无不肃然起敬。此时的林觉民不但重视学业，对国内政治、时局走向亦是非常关注，他不断发表文章到国内，《驳康有为物质救国论》《莫那国之犯人》等为其当时的代表作。林觉民所撰文章不仅说理透彻，亦极具文采，如读过《原爱》这篇文章的人无不击节赞赏。

宣统二年（1910）11月13日，孙中山和同盟会的主要骨干黄兴等人在槟榔屿秘密集会，策划在广州举行大规模武装起义。留学在日本的林觉民和其他革命志士也积极响应，决心投身起义，为革命贡献力量，在日本秘密购置枪械弹药。林觉民同吴玉章等一道，还担负起把枪械从日本秘密运回国内的艰巨任务。

宣统三年春，黄兴、赵声写信给林觉民，说"事大有可为"。林觉民看信后很兴奋。他毅然放弃学业，于3月3日和林文一道乘船离开日本回国。到香港后，林觉民本来是为接洽协调相应的事，准备立即回福建发动群众的。但被黄兴留在香港，参加筹划起义的工作。为召集更多的革命同志来参加广州起义，林觉民还是于3月底4月初秘密回到福建。嗣父看到他突然回来，惊奇不已，他谎说学校放假，日本同学要他回来陪伴游览江南山水名胜。他也没有向妻子说明筹备起义的事情，虽知道这可能是永别，但是他竭力控制自己，不露真情。他在福建革命党人的会议上，报告了统筹部关于广州起义的决定。经热烈讨论，决定一方面派出革命志士去广州参加起义，一方面在福州、厦门准备届时响应。林觉民约同冯超骧、刘元栋等十几名福建籍革命青年于4月9日告别故乡返回香港。在分期分批运送这些勇士去广州时，林觉民地对战友们说："此举若败，死者必多，定能感动同胞。今日同胞，非不知革命为救国唯一之手段，不可一日缓，特畏首畏尾，未能断绝家庭情爱耳！今试以余论，家非有龙钟老父、庶母、幼弟、少妇、稚儿者耶？顾肯从容就死，心之摧割，肠之寸断，木石有知，亦当为我坠泪，况人耶！推之诸君，家族情况莫不类此，甚且身死而父母、兄弟、妻子不免冻馁者亦有之。故谓吾辈死而同胞尚不醒者，吾决不信也。嗟乎！使吾同胞一旦尽奋而起，克服神州重兴祖国，则吾辈虽死之日，犹生之年也，宁有憾哉！"慷慨之语表明林觉民早已清醒地认识到此举之艰险，他决心以自己的鲜血来激励战友和换取中国人民的觉醒。后来这批福建籍的勇士成了黄花岗起义的中坚力量。

起义的各项准备工作在黄兴、赵声的领导下加紧进行。在南洋各地及美洲各国的爱国华侨中募集的经费，源源不断地汇寄来香港。在日本和安南西贡（今越南胡志明市）购置的军械弹药，伪装在头发、医疗器械、颜料罐中，一批批秘密经香港转运广州。统筹部在广州秘密设立了几十处机关，有办事联络的，有供起义者住宿的，有储藏枪支弹药的，有制造炸药的，其中两处是米店，利用米包隐藏枪药。数以百计的"选锋"（敢死队），也迅速云集在革命义旗之下，广东各地的志士均在广州附近花县等地集结待命，来自外省和海外的志士也陆续集合在香港，以便临期进入广州。

4月8日，统筹部召集会议，详细研究了广州起义的具体步骤和战术，决定以八百名"选锋"分十路进攻，破坏清政府在广州的总督署等重要行政机关，占领军械局，策应新军的防营，并在旗界九处放火扰乱视线，以便完全占领广州。可是就在4月8日这一天,在广州发生了温生才刺杀孚琦事件。清吏惊慌万分,严密防范,加紧搜捕;另一方面,各地筹措款项、购置及运送军械等准备工作也未能如期完成,所以起义日期由4月13日改为28日,后又准备改在26日,集结在香港的"选锋"便逐日分批进入广州。

4月23日晚,林觉民和林文、陈更新等人,从香港乘船秘密回到广州。第二天林觉民听说林尹民等战友已由日本到达香港,又特地和陈更新一道再到香港来迎接。他们在香港相见感到十分兴奋,更为自己即将投身轰轰烈烈的革命起义激动不已。这一晚,林觉民在他人都睡下之后,一人挑灯挥笔,写下了《致父老书》《禀父书》《与妻书》三封绝命书。他在《致父老书》中说,印度、埃及的沦亡告诉我们,一个国家要在世界上存在下去,是不能依靠其历史之久、土地之大、人民之众的,今天中国也是处在危亡的时刻,他呼吁父老思虑亡国之惨,应万倍于饥寒、疾病、水旱、盗贼。他在《禀父书》中写道:"不孝儿觉民叩禀父亲大人:儿死矣,惟累大人吃苦,弟妹缺衣食耳,然大有补于全国同胞也,大罪乞恕之。"这封信只有41个字,言简意明,充满了他热爱祖国、为争取自由独立而勇蹈死地的崇高精神。

林写给妻子的绝命书,是忍着极大的悲痛,"泪珠和笔墨齐下"的。他和妻子的感情十分深厚,过去一直没有把参加革命活动的事情告诉她,如今要为革命捐躯、与亲人永诀了,而想到妻子对自己的感情,此时又怀孕在身,当妻子读到今夜写的这封绝命书，自己将已是"阴间一鬼"，心情怎能不激动。他以极大的毅力，用"为天下人谋永福"的理智战胜自己的感情并说服妻子。他写道："吾至爱汝，即此爱汝一念，使吾勇于就死也。吾自遇汝以来，常愿天下有情人都成眷属；然遍地腥云，满街狼犬，称心快意，几家能彀？司马青衫，吾不能学太上之忘情也。语云：仁者'老吾老，以及人之老；幼吾幼，以及人之幼。'吾充吾爱汝之心，助天下人爱其所爱，所以敢先汝而死，不顾汝也。汝体吾此心，于啼泣之余，亦以天下人为念，当亦乐牺牲吾身与汝身之福利，为天下人谋永福也。汝其勿悲！"最后，他还要求妻子将来教育两个孩子"以父志为志"，使他们像自己一样，为了国人的自由勇敢战斗。

黄兴是4月24日由香港进入广州，来主持起义的准备工作的。他到广州后看到清吏警戒森严，搜捕的风声很紧，便打电报到香港，说"省城疫发，儿女勿回家"，阻"选锋"再来广州。可是筹划良久的起义就这样告吹了？与其坐以待毙，不如先发制人，黄兴决心就已有的人力发动起义。因为预计从日本安南买来的枪支要26日晚才能运到，就将起义时间由原来准备的26日改为27日。十路进攻的计划，因"选锋"不能集齐，临时改为四路：一路由黄兴率队攻总督署，二路由姚雨平率队攻小北门，占飞来庙，三路由陈炯明率队攻巡警教练所，四路由胡毅生率队守大南门。然而，陈炯明、胡毅生两路，以起义日期一改再改而仍要求延迟，结果没有出动。姚雨平因为没有领到足够的枪支弹药，与所部失去联系，也未能及时行动。结果，只有黄兴率领的100多人发动了这次起义。虽然香港的统筹部要求改在28日，以便在香港的赵声和"选锋"赶来参加，黄兴也未予考虑。

4月27日下午5时25分，林觉民同来自福建、广东花县、四川以及海外华侨共130名"选锋"，在黄兴的率领下，由小东营出发。他们个个臂缠白布，脚穿黑面树胶鞋，腰缠炸药，手持枪、刀、螺角为号，奋勇无畏地向总督署进发。他们打死了沿路遇到的警察，炸死了守在总督署大门前的几名卫兵，冲进总督署又打退了两厢及大堂的卫队，直入内进。然而，两广总督张鸣岐及其他官吏都已经逃掉了，没有抓到一个重要人物，黄兴等便纵火焚烧督署。这时候，广东水师提督李准派卫队亲兵赶到督署，在东西辕门架设机关枪狙击"选锋"，黄兴率领大家英勇还击，展开了激烈的巷战，不幸，林觉民腰部中弹倒地。他忍住剧痛再跃起向敌人冲杀过去，又受了几处枪伤，流血不止，力竭倒地，终于被抓。黄兴率领其他"选锋"出了总督署又分路出击，但是敌众我寡，势单力薄，被李准的卫队及巡防营追击，许多人英勇牺牲，生还者也多受伤，散失隐匿。起义失败了。

林觉民被俘后，大义凛然。张鸣岐和李准在水师提督署询问他，他镇定自若，侃侃而谈，纵论世界大势和各国时事，说得清吏们倾耳恭听，暗暗钦佩。后来解除了他的镣铐，让他坐在椅子上，给以笔墨。林觉民纵笔疾书，很快写完了两张纸。接着他又在堂上演说，劝诫清吏洗心革面，献身为国，革除暴政，建立共和。他说，如果有一天能使国家富强，民族团结，那么我死也瞑目了。

林觉民在被囚禁的几天里，不喝一口水、不吃一粒饭，以绝食相抗议。他受到残酷的刑罚，体无完肤。然而他就义时面不改色，俯仰自若，引颈就戮，视死如归。林觉民牺牲时才 25 岁，遗体与其他烈士共 72 人合葬于广州黄花岗，供后人祭奠。

(谢彪)

林语堂

林语堂（1895—1976），福建龙溪（今漳州）人，原名和乐，后改玉堂，又改语堂，中国现代著名作家、学者、翻译家、语言学家。

林语堂光绪二十一年（1895）十月初十出生于福建省龙溪县坂仔村的一个基督教牧师家庭里。6岁在村小从师启蒙，并由父亲授以古文、古诗和对句等一般知识。由于父亲的职业关系，10岁时，到鼓浪屿一所教会小学上学，13岁入厦门一所教会办的旧制中学读书，直到1912年夏毕业，完成了他的中小学教育。

教会学校的教育和牧师家庭的生活，使林语堂从童年时代起就成为一名热诚的基督教徒。父亲林至诚，在林语堂出生时已40多岁，是林家的第二代基督教徒。林至诚年轻时家境贫寒，贩运过大米、竹子，也当过小贩和受人雇佣的小工，所以对于贫民生活的况味，有所体会。当了牧师之后，每月可以从教会领取20元左右的薪水，生活稍有好转。但因为在林语堂出生时，前面已有四位兄长和两位姊姊，不久又有一个弟弟，兄弟姊妹多，家境仍较清苦。林语堂童年时代除上学之外，每天必须和兄姊们一起从事浇菜园、打水、扫地等生产劳动和家务劳动。由于父亲思想开通，关心子女的成长，母亲勤劳仁慈，兄弟姊妹之间也十分友爱，家庭生活很和睦。

林语堂后来因此而自诩"我本龙溪村家子",以农家子弟自居。他对自己的童年生活十分满意:"在造成今日的我之各种感力中,要以我在童年的家庭所身受者为最大,我对于人生与平民的观念,皆在此时期得受深刻的感力。"不能否认,质朴的农村生活和秀丽的自然景色,对养成林语堂童年时期简朴的心思和生活情趣有一定的影响。我们只要看一看他家和教会的关系就可以知道对他童年生活"感力"最大的是什么了。林语堂的父亲曾经拥护过资产阶级改良派的"维新运动",也拥护过孙中山的资产阶级民主革命。少年时代的林语堂在这个接受西方教会的家庭长大,对他影响最大、浸淫最深的是西方文明,这是他"西化的重要开端",决定了他一生的道路和思想发展。

1912年秋,17岁的林语堂来到上海经过考试,升入上海圣约翰大学文科学习。圣约翰大学是美国基督教圣公会用"庚子赔款"创办的当时国内最著名和最严格的英文大学。林语堂在大学期间的学习生活,表现了对于西方哲学、社会科学的浓厚兴趣,他在图书馆内仔细地研读了这方面的著作。例如,英国历史学家张伯伦的《十九世纪的基础》,德国生物学家赫克尔的《宇宙之谜》,英国社会学家王尔德的《社会学》,以及哲学家斯宾塞的《伦理学》等著作,都曾经是他极感兴趣的书籍。同时,该校外籍校长卜舫济和众多的西方教员,他们的思想观点、伦理观念、文化教养以至生活方式,使林语堂受到了较之童年时期更深的感染和影响。对于西方文明和西方生活方式,已经从感性的追慕上升为理性的服膺。

1916年秋,林语堂于圣约翰大学毕业,到北京清华大学任英文教员。教学之余,偶尔在《新青年》杂志上发表关于文字改革的文章。1917年初,胡适、陈独秀先后在《新青年》发表文章,提倡文学革命。不久,白话文运动的浪潮席卷全国。林语堂在报刊上发表支持白话文运动的文章,提出"要为白话文学设一个西方论理细慎精深,长段推究,高格的标准",以尽到"唤醒国人心目的责任"。

光绪二十年(1894),美国传教士A·H·史密斯(中文名字明恩溥)在纽约出版《中国人的性格》一书,开始了外国学者对中国民族性格的系统研究。此书"面子"一章最为精彩,指出中国人自觉不自觉的表演意识,使一切问题都成了"形式"问题,人生真的成了大戏台。这一说法为不少后来的学者所接受。鲁迅虽然指出此书"错误亦多",仍希望有人译成中文,逼使中国人"看了这些,而自省,分析"。

1935年出版的英文著作《吾国与吾民》,即是林语堂思考中国人性格的结晶。此书被赛珍珠评为"历来有关中国的著作'最忠实、最深刻、最完备、最重要的成绩"。《吾国与吾民》分"中华民族之素质"和"中国人民的生活"两部分,上部总论,下部分论。其中第一章借用西方历史学家和人类学家观点,解释中华民族"延长的童年",以及800年一周期的历史循环等等,漏洞最多。其余各章虽时有偏颇,毕竟有作者自己的体悟,再加文章写得潇洒,可读性很强。对中国人直觉的思维方式、中国文化的人文主义特性以及中国语言对文学的制约,林语堂此后还做了进一步的发挥;而第九章"生活的艺术"之大受西方读者赞赏,更直接促使他写作《生活的艺术》一书。可以说,《吾国与吾民》一书是林语堂生命的转折点,此后他就由对中国人讲西方文化转为对西方人讲中国文化了。

全书讲得最精彩、最有特色的是关于道教、道家对中国人心灵及中国文化的决定性影响。也正是这一点,使得林语堂讲中国文化讲出了自己的味道。对国民性的思考,无疑是20世纪中国思想文化界的一个长盛不衰的话题。而鲁迅、周作人、许地山之强调道教对中国人性格的极为深刻的影响,对林语堂大有启发。30年代前期,林语堂在上海办杂志写杂文,已多次涉及这个问题。《吾国与吾民》更是大谈"中国人民出于天性的接近老庄思想甚于教育之接近孔子思想"。

对道家哲学,由早期的政治层面的批判,深入到文化——心理层面的研究——其中从道家精神的渗透角度把握中国文学艺术的特性以及审美精神的发展,已为时下学者所进一步发挥——这对林语堂来说很有意义。五四时代的斗士风采没了,这自然很可惜;可终于找到他自己所理解的东西方文化的最佳契合点,这又实在值得庆幸。

最能体现林语堂的幽默和闲适的,自然是他1937年在美国出版的英文著作《生活的艺术》。此书1938年始由黄嘉德译载《西风》杂志,1941年由西风社出全译本。全书共十四章，行文幽默，不少章节相当精彩，如"以放浪者为理想""人生像一首诗""嬉戏的好奇心""论梦想""论幽默感""悠闲的重要""生活的享受"等章节，都写得洒脱隽永，不乏奇思妙想。全书的中心论题是：世界过于严肃，需要一种智慧的欢乐的哲学，而中国人生活的艺术即是"快乐的科学"，值得推荐给过分忙碌的西方人民。

《吾国吾民》中曾说："道家精神和孔子精神是中国思想的阴阳两极，中国的民族生命赖之以互动。"在中、西宗教文化思想中，道教文化思想对林语堂的影响最为巨大，学者陈平原把林语堂视为"道家文化的海外回归者"。林语堂也把道家看成自己的宗教信仰来崇信，他说："倘若强迫我在移民区指出我的宗教信仰，我可能会不假思索地对当地从未听过这种字眼的人，说出'道家'二字。"

林语堂对老子的不斗、不争、不抵抗思想颇感兴趣。他幽默地提出，假如希特勒是老子，他决不会做出那样无知的举动。老子强调柔弱的力量，居下的优势和对强力的不信任也促使林语堂反对竞争，反对武力征服观念的形成。而且老子的告诫"不可为天下先"也使林语堂明白了争论之无益，坚信老子的做人观念："大巧若拙，大辩若讷，静胜躁，寒胜热，清静为天下正。"

林语堂的一生，经历了清末、民初的军阀混战和蒋介石政府专制统治时代，他的足迹遍及欧美多国，还曾在美、法等国长期居住。他从小生活在一个中式的牧师家庭，家庭对他的教化与影响可谓"中西合璧"。从小学到大学，林语堂上的都是教会学校，接受西式教育。当他大学毕业后到了北京，出于兴趣才开始苦读中国传统文化典籍，并曾陶醉其中。出国留学后，虽深受西方思想文化的教诲，但在骨子里还是浸润着传统文化的影响。

20世纪中国的前半叶，林语堂在弥漫革命与抗争精神的时代潮流中，在政局世事的剧变里的经历与言行，揭示他的思想变化与文化心态，表现他的精神世界与心灵历程。

从五四时期到20年代初，林语堂怀着爱国热情，同爱国反帝的民众和进步学生站到一起，抨击军阀混战与社会黑暗，表现出"热烈及少不更事的勇气"，"留下进步的足迹"。但在"四一二"政变后，他就由"激烈改为平和"，声称"死无葬身之地的祸是大可不必招的"，从时代激流中后退了。30年代，他竭力提倡幽默与性灵小品，曾受到以鲁迅为首的左翼联盟的批评。全民抗战前夕，林语堂在赴美的《临别赠言》里表白思想主张，说明他"政治上已转为对当时政府进'忠言'的文士"。而在海外，林语堂却十分关注国内抗战局势，大力宣扬抗战到底。40年代初，他回到重庆，受到蒋介石的接见，还荣获侍从室"顾问"的头衔。后来，他曾写作《枕戈待旦》等文字，为蒋介石政府辩护。

林语堂自诩"脚踏东西文化"，其实他内心潜藏的还是中国士大夫与文人的传统观念，在入世与避世之间徜徉。他自称是"大荒中孤游的人"，"我走我的路"，却在时代风暴中后退，"一被袭击，我就逃走，再度被击，再次后退"。

后退而不甘寂寞，应该说，他是中国现代文化名人中，一种类型的代表性人物。

（谢彪）

郑振铎

郑振铎（1898—1958），原籍福建长乐。中国现代杰出的爱国主义者和社会活动家、作家、诗人、学者、文学评论家、文学史家、翻译家、艺术史家，也是著名的收藏家、训诂家。

郑振铎于光绪二十四年（1898）十二月十九日出生于浙江省永嘉县（现温州），原籍福建省长乐县。这一年正是中国近代史上著名的戊戌维新发生之年。郑振铎的祖父是一位读书人，曾在官居道台的表亲手下当幕僚，据说，后来还被委派为铜山岛的海防小官。祖父共生有二男三女，长子就是郑振铎的父亲，长女后来出嫁到福州陈家，其父亲在云南大理府任知府。二男即郑振铎的三叔，早年曾赴西班牙留学，归国后在北京外交部任佥事等职。

然而，在郑振铎尚未成年的时候，家庭接二连三发生变故，使得原本属于小康的生活顿时陷入了困顿。大概在郑振铎十一二岁的时候，他的父亲病逝，此后，家庭沉重的经济负担便全压到祖父的肩上。大约又过了五六年的光景，祖父也郁郁而亡。这样一来，全家的生活只能依赖郑振铎那三十几岁的寡母了。郑振铎有兄妹三人。母亲要拉扯三个未成年的孩子和赡养同样守寡的婆婆，家庭的困顿不言而喻。

天真活泼的童年生活结束了，郑振铎过早地体验到了人生的艰难和世情的冷暖。由于生活所迫，郑振铎曾经到过乡下的亲戚家寄居了一段时间，深深地感受到了劳苦大众的困苦生活。他后来回忆道："那时已经是在民国初元了——曾经有一个时期居住在农民之间。农民们常苦于横征暴敛，叹息于兵戈的扰乱不息。"这种过早地知道了人世间的艰辛和看到了社会的真面目，对郑振铎此后的思想和创作都产生了深远的影响。

为了不辜负母亲的期望，为了能让母亲过上好的生活，为了谋求将来自己有出人头地的一天，读书成了少年郑振铎唯一的选择。经过努力，郑振铎于1917年夏，考上了北京铁路管理学校。而来到北京的郑振铎，住在时任北京外交部佥事之职的三叔家里，开始了新的"寄居"生活。虽然要面对叔叔婶婶的冷漠，甚至于冬天外面只穿一件棉袍，里面贴身穿的还是夏天的那件布褂衫，但是新的世界，给他带来了新的希望。

1919年五四运动期间，郑振铎作为铁路管理学校学生代表和福建学生联合会领导人之一，参加了北京中等以上学校学生联合会，积极投身于反帝反封建的伟大斗争。6月，学校为瓦解学生运动提前放假，免费送外地学生回家。郑振铎回到温州后即参与发起"救国讲演周报社"，与陈仲陶一起创办《救国讲演周刊》，不久被当地反动派查封。同时，他还参与发起温州第一个新学术团体"永嘉新学会"，并倡议创办会刊《新学报》，被推选为该刊编辑。暑假后，郑振铎回到北京，继续参加学生运动。8月，日本帝国主义者在福州开枪逞凶，并派军舰相威胁，郑振铎又参与组织旅京福建学生联合会，编印《闽潮》，奔走呼告，十分英勇。11月1日，郑振铎与瞿秋白、耿济之等人创办《新社会》旬刊，由北京基督教青年会所属"社会实进会"刊行。他在该刊《创刊号》上发表了《发刊词》和最初的诗作《我是少年》，此后还撰写《我们今后的社会改造运动》《现代的社会改造》《中国劳动问题杂谈》等十余篇政论性文章，宣传早期的朦胧的社会主义思想。《新社会》旬刊才出了半年，便被北洋政府查禁了。这时期，郑振铎还参加李大钊组织的秘密学习小组的活动。12月，在《新中国》月刊上发表了列宁《俄罗斯之政党》的译文，这是最早译成中文的列宁著作之一。同时，他还开始翻译、介绍俄罗斯文学作品。1921年，郑振铎与耿济之合作翻译了《国际歌》歌词，分别刊载于5月27日《民国日报》副刊《觉悟》和《小说月报》第12卷号外《俄国文学研究》上。这期间，他除了发表多篇俄国文学的研究论文外，还为商务印书馆出版的"共学社丛书"主编翻译了《俄国戏曲集》，成为我国最早的俄国文学译介者和研究者之一。1920年11月，郑振铎和沈雁冰、叶圣陶、耿济之等12人，在北京发起成立我国第一个新文学团体——文学研究会。他写了《血和泪的文学》等文学评论文章，提倡为人生的现实呐喊。

郑振铎是新文化运动的一员干将。他和他的战友们，将文学革命演绎成以通俗形式进行启蒙教育的思想运动，为中国现代新文学的创造立下了不朽功绩。

五四运动后,新文化运动由原来侧重艺文、思想的改造,逐渐转移到对现实的思考。许多思想家把解决问题的出路放在了"社会改造"上。俄国十月革命的成功和第一次世界大战的结束,资本主义制度的弊端暴露无遗。人民在思考着如何建立新的政治制度以便改造资本主义的社会。因此,很多人认为"社会改造"是当时中国最迫切的任务和最大的政治问题。社会改造也成了五四时期进步刊物的主张和讨论的中心。郑振铎也提出了自己的社会改造思想。郑振铎把问题归结为三点:

　　1. 缺乏群众基础。他指出:"我们的运动,仍旧是阶级的","大多数的平民间——工商界及农民——的新思潮输入问题,他们却完全不会顾虑此及","普通一级的平民,则绝对没有受到这种纸上的文化运动的益处"。

　　2. 缺乏实际行动。郑振铎认为当前的社会改造运动,"不向切实的方面去做"。"都是纸上、口头的文章,没有切实的做去的"。虽然他赞成文字上的工作,但是"中国不识字的怎样多,识字的人,又大半数是顽固的守旧党。言论的效力,能有多少?……况且他们的言论,又都是直觉的空论多而解决实际问题的著作很少么!近来虽风气略变,有好些人注意到切实的根本的设施,研究到实际的问题,但大多数还是埋头于口头、纸上、肤浅、直觉的著作。"

　　3. "好务虚名,急功近利"。他说当时运动的范围"过于广漠"。口号有些不切合实际。"中国人素来有一种毛病,……凡做一件事情,不问自己的根底稳固不稳固,自己的力量做得到做不到，始初就要希望有大影响，生大效力；即使做不到，博得一个虚名也好。就是现在改造的运动，也免不掉这种习惯。"

在文学领域里，郑振铎特别活跃，纵横驰骋，以研究小说、戏剧、俗文学为己任，认为研究者应有"世界的观念"，他热情推崇反映俄国社会巨大变革的俄罗斯文学，进行大量欧洲文学的翻译工作。与此同时，郑振铎还编印了"文学研究会丛书"，主编了《戏剧》《儿童世界》，并写了许多文学作品和评论。在郑振铎等人的努力下，文学研究会接过新文化运动中文学革命的大旗，筚路蓝缕，披荆斩棘，为中国新文学做了开拓工作。郑振铎也因此成为中国现代新文学的主要创造者之一而被载入史册。

和鲁迅、郭沫若、茅盾等译界前辈一样，郑振铎登上文坛是从翻译开始的。他的翻译活动大致可分为三个阶段。

第一阶段（1918—1921）主要译介俄国文学作品。他不懂俄语，但孜孜不倦地阅读高尔基、契诃夫、托尔斯泰等名家作品的英译本，并试译成汉语。1920年，他翻译了高尔基的《文学与现在的俄罗斯》一文，发表在《新青年》第8卷第2期上。这阶段的主要译作有高尔基的《木筏上》、斯拉美克的《六月》、梭罗古勃的《飞翼》、《芳名》、普希金的《莫萨特与沙莱里》、克洛林科的《丈林语》等。还译了泰戈尔的《吉檀迦利》、《飞鸟集》中少数诗篇。他译的契诃夫剧本《海鸥》也于1921年由商务印书馆出版。政治性译品有《俄罗斯之政党》与《对于战争的解释》。他和耿济之共同献出的译作《第三国际党的颂歌》是《国际歌》最早的汉译本之一。

第二阶段（1922—1924），他翻译了泰戈尔的诗选，继续翻译俄国文学作品，并译了不少童话。泰戈尔诗集中首先译出的是《飞鸟集》，泰氏诗集被介绍到中国来，当以此为始。接着出版的是《新月集》。他成为我国较系统地介绍和研究泰戈尔的第一人。此期间刊行问世的译作还有阿史特洛夫斯基的《贫非罪》，路卜询的《灰色马》，克鲁洛夫的《箱子》《平等》，梭罗古勃的《你是谁》和印度寓言等。童话集《天鹅》是他和夫人高君箴合译的成果。

第三阶段（1925—1936），广泛译介各国优秀的文学作品、民间故事、神话等。他奉献给读者的译作包括歌德的《列那狐》，以笔名"文基"译出的《列那狐的历史》《莱森寓言》，安徒生的《孩子们的闲谈》，阿志巴绥夫的《血痕》（与鲁迅合译），狄尔的《高加索民间故事》，《希腊罗马的神话与传说中的恋爱故事》，《民俗学浅说》，《俄国短篇小说译丛》等。郑振铎主张有计划地翻译世界名著。1935年，他在生活书店着手主编《世界文库》，旨在介绍中国古典文学与外国文学中的精品，计划十分庞大。茅盾指出这是"三十年代继《译文》之后的又一大型介绍世界文学的刊物"。可惜只出了第1集12册便因故中止。但他作为整理介绍世界文学名著的"先行者"却是当之无愧的。

郑振铎是我国现实主义文学翻译道路的开拓者之一。早在新文学运动初期，他就主张"为人生的艺术"，与"为艺术而艺术"的资产阶级口号针锋相对，后又进而主张"血和泪的文学"。他和鲁迅、茅盾等一道，坚持首先翻译反映劳苦大众的生活和反抗的现实主义文学，尤其是俄苏进步文学与弱小民族文学，对我国文坛与译界产生了深远的影响。

新中国成立后，郑振铎被任命为文化部文物局局长。

郑振铎就任文物局局长后不久，即将他在上海重金收购的几百件古代陶俑全部捐献国家，并与王冶秋共同倡议从事文物工作人员，都不要购买和收藏文物。这成了文物局工作人员的一个传统，以后被列为《文物工作人员守则》的内容之一。1950年，在他主持和指导下，草拟了一系列有关文物保护的法规文件，提请中央人民政府政务院颁布《禁止珍贵文物图书出口暂行办法》《古文化遗址及古墓葬之调查发掘暂行办法》《关于征集革命文物的命令》和《关于保护古建筑的指示》等中华人民共和国第一批保护文物的法令、指示和办法，为中国文物的保护管理做出了积极贡献。

新中国成立前后，我国图书馆建设经历了一次巨大变革，清理了部分书刊，增加了马列主义和经典著作，改变了图书馆的藏书成分，同时也加强了党对图书馆事业的领导。在对各图书馆的接收中，郑振铎作为新中国第一任文化部文物局局长，站在建设国家图书馆的高度给予关心和指导。尤其是对北平图书馆的接收，他从该馆领导班子的配备到各项重要规划，都直接与闻，凡有接收捐献或收购到的重要善本，都优先转给北图收藏。当时，上海还没有一个大型的公立图书馆和博物馆。他非常着急，多方呼吁。1951年4月，他在致端毅（当时的华东文物处副处长）的信中说："此事必须早日办，上海市实在不可一日无图书馆、博物馆也。"后来，他多次到上海视察、商量、督促。1952年3月，上海正式建立了图书馆和博物馆。他又给陈毅市长等人写信，推荐可以发挥一技之长的人士，其中有"邃于版本目录之学"的瞿济苍、瞿凤起两兄弟。1950年，他领导成立了图书分类法工作小组，参加者有于光远、王重民、向达等人，甚至革命前辈徐特立也被他请来参加了座谈，几经努力，制订出新中国第一部比较科学的图书分类法。1954年，他亲自主持了全国第一届公共图书馆工作人员训练班，并主讲"中国古典文学的宣传"，此外，还邀请冯雪峰、傅青华、何干之、袁翰青等名家去讲课。"九载辛勤筹划忙"，"规划苦君常不眠"，他的同事王冶秋所写的悼念诗句正是他呕心沥血的真实写照。

据不完全统计，由他主编、参加编辑的报纸、杂志37种，丛书、丛刊23种，由他发起和参加组织的政治、文学、学术社团近30种，编辑图籍14种，创作12种，文学学术论著20种，翻译的作品和论著23种，选编、校点、影印的著作42种，未刊书稿28种。

1958年10月17日，郑振铎率领中国文化代表团前往阿富汗和阿联酋进行友好访问，途中因飞机失事不幸遇难，终年60岁。郑振铎等人遇难后，陈毅、贺龙、郭沫若、茅盾等38人组成治丧委员会，首都1400多名各界人士参加了追悼会。苏联、捷克斯洛伐克、波兰、印度等国著名学者纷纷撰写文章表示痛惜和悼念。郑振铎先生夫人高君箴女士遵照他的遗愿，将他数十年呕心沥血收藏的图书17224部（共94441册）以及他的手稿、14部日记捐献给国家，现存国家图书馆。

（谢彪）

冰 心

冰心（1900—1999），原名谢婉莹。祖籍福建省长乐县甘墩乡横岭村，出生于福州市隆普营谢家大宅（今福州市鼓楼区乌山脚下乌塔之侧）。中国现当代著名文学家、翻译家和社会活动家。曾任中国民主促进会名誉主席、中国文联副主席、中国作家协会名誉主席、顾问等职。

冰心的父亲谢学朗（字葆璋，号镜如）生于同治四年（1865）。光绪十年（1884）十一月，谢葆璋以第一名的优异成绩毕业于天津水师学堂。谢葆璋先上"威远"练习舰实习，后随邱宝仁等一道赴德国接收北洋水师购进的"来远"舰，不久由驾驶二副升任枪炮官。中日甲午海战战败后，侥幸从击沉的"来远"舰上死里逃生的谢葆璋被清政府任命为"海圻"巡洋舰帮带（副舰长）。1927年6月，62岁的谢葆璋升任第七任海军部次长——北洋政府最后一任海军部次长。1930年，退休后的谢葆璋由上海迁居北京。1940年8月4日，谢葆璋在北京家中病逝，享年75岁。冰心的母亲杨福慈是一个出身书香门第，能诗善文的开明女子。冰心在散文《我的故乡》中写道："我生于一九〇〇年十月五日（农历庚子年闰八月十二日），七个月后我就离开了故乡——福建福州。但福州在我的心里，永远是我的故乡，因为它是我的父母之乡。我从父母亲口里听到的极其琐碎而又极其亲切动人的故事，都是以福州为背景的。"

1910年，谢葆璋辞去烟台海军学校首任校长的职务，举家返回故乡福州，住在福州城内祖父家中。开明、博学的祖父谢銮恩十分疼爱孙女，他的书房成为少年冰心的乐园。地处东南沿海的福州，自"开眼看世界第一人"林则徐以来，出现了一批立志改革、走在时代潮流前面的爱国志士，如最先翻译《天演论》的严复、最早介绍西方近代小说的林纾，都是谢家的故交老友。冰心90岁时，仍充满深情地回忆道："我和外国文学接触得较早，首先是在我11岁那年从山东烟台回到福建福州的老家，在我祖父的书桌上看到一本线装小说，是林琴南老先生送我祖父的《茶花女遗事》，其中的人情世故，和我看过的《三国演义》《水浒传》等都大不相同，而且译笔十分通畅有力。从那时起我就迷上了林译小说，只要自己手里有一点钱，便托人去买林译小说来看……"冰心又写道："在我父亲的书桌上，我看到了严复（又陵）老先生译的英国名作家斯宾塞写的《群学肄言》、穆勒写的《群己权界论》等等"，"严老先生是到英国学习海军军事技术的，他却自己研读了哲学和社会科学……在当时，都起了启蒙和沟通中西文化的作用"。的确，这种进步出版物的启蒙教育，对冰心一生的影响是巨大而深远的。她把书籍称之为"维持我们身心健康的精美的精神食粮"。1912年，冰心以第一名的成绩，考入福州女子师范预科读书。

1913年8月，海军部总长黄钟瑛任命同是福州长乐老乡又同是驾驶专业毕业的谢葆璋为海军部军学司少将司长，让时年48岁、办事认真的谢葆璋主管海军教育。冰心于是跟随全家从福州迁居北京，在铁狮子胡同中剪子巷14号院住了整整十年，这是冰心完成中学教育和大学教育的关键十年。1914年，冰心入北京教会学校贝满女中就读直至毕业。

1919年，19岁的谢婉莹首次以"冰心"为笔名发表了小说《两个家庭》。

1923年，冰心从燕京大学毕业。8月，冰心和师长许地山、同学陶玲以及众多的清华学子一起搭上了开往美国的杰克逊号邮轮。冰心此行的目的，是要去美国威尔斯利女子大学研究院学习英国文学。这时的冰心除发表了引人注目的小说和散文外，还受泰戈尔《飞鸟集》的影响，写出了300多首无标题的格言式自由体小诗，结集为《繁星》和《春水》，在"五四"新诗坛上也是别具一格，深受读者欢迎。在留美期间，冰心仍保持着旺盛的文学创作力。《寄小读者》就是冰心1923年至1926年在美国留学期间为小读者所写的异邦见闻，共29篇。最初发表在《晨报副镌》的"儿童世界"一栏上。《寄小读者》出版后，成为中国儿童文学的奠基之作。

1926年，冰心获得文学硕士学位后回国，并于同年任教于燕京大学。尽管冰心早期受过严格的教会教育并受洗入教，但随着时间的推移，冰心的文学作品中所透露出来的泛爱主义越来越明显。如果说她前期的作品还有明显的基督教之爱，她后期作品中的爱更多混合了泰戈尔的泛神论思想以及中国传统伦理中的母性之爱、儿童之爱和自然之爱。1929年，冰心与吴文藻结婚。

1937年7月7日，日本侵略者的枪炮声将整个北平推入一片惊恐之中。7月底，北平沦陷。1938年，冰心和吴文藻带着儿子和两个女儿去了昆明。吴文藻在云南大学任教，冰心则在云南呈贡县农村的一个临时居住地——一座称之为"华氏墓庐"的祠堂里照料着家和孩子。1940年冬，冰心收到宋美龄托人转交的一封信，信中宋以威尔斯利同学的身份动员冰心来重庆参加抗日工作。冰心被宋美龄召去出任妇女指导委员会文化事业组组长，并在宋的推荐下被选聘为国民参政会第二届、第三届、第四届参政员。在重庆，冰心认识了史良、邓颖超等一些进步人士和共产党人，冰心通过她们了解了国共两党之间的许多事情，于是毅然辞去职务，将家搬入重庆近郊的歌乐山"隐居"起来。1946年，吴文藻的清华同学朱世明将军受任中国驻日代表团团长，约吴文藻担任该团政治组组长兼任出席盟国对日委员会中国代表团顾问。冰心随吴文藻去了日本。冰心随后曾在日本居住了近5年（1946年11月—1951年8月），这期间她先在日本的最高学府东京大学讲演，后成为历史上首位在东京大学任教的女教师。

1951年秋，冰心和吴文藻历尽艰险后回到了祖国的怀抱。1952年仲夏的一个傍晚，周恩来总理在中南海招待冰心和吴文藻，对他们回国参加建设表示热忱的欢迎。1953

年，经丁玲和老舍介绍，冰心加入了中国作家协会，她把主要精力放在为孩子们的写作上，她曾同张天翼等人领导了北京的儿童文学创作活动，培养了不少儿童作家。1957年反右斗争中吴文藻被错划为右派，这突然而来的袭击使冰心万分痛苦。"文化大革命"开始后，中央民族学院的造反派认为吴文藻是社会学的鼻祖，对他横加批判，还罚他每天打扫厕所。冰心也没能幸免，家被抄了，还挨了批斗。1970年，冰心和吴文藻被一起下放到湖北沙洋"五七干校"劳动，他们一起种麦子，一起种豆子，一起摘棉花，在逆境中两位风雨同舟的老人互相照应，互相关心。直到1971年美国总统尼克松即将访华，冰心与吴文藻、费孝通、邝平章等8人被从沙洋干校调回北京民族学院，成立了研究部编译室。他们共同翻译校订了尼克松的《六次危机》下半部，接着又完成了《世界史纲》《世界史》等著作的翻译，冰心夫妇也过着"早起8点到办公室，12时回家午饭，饭后2时又回到办公室，下午6时才回家"的规律生活。1978年，冰心被选为第五届全国政协常委，并任全国文联委员。

1992年12月，冰心研究会在福州成立，著名作家巴金出任会长；1995年，海峡文艺出版社出版八卷本的《冰心全集》，同年在北京人民大会堂召开出版座谈会，赵朴初、雷洁琼、费孝通、韩素音、王蒙、萧乾、谢冕等出席座谈会并发言，高度评价冰心巨大的文学成就与博大的爱心精神。由冰心研究会常务理事会提议、经中共福建省委和省政府批准，在福建省文联的直接领导下，冰心文学馆也于1997年在冰心的故乡——福建长乐开馆。

1999年2月28日21时，享年99岁的冰心在北京逝世。党和人民给予冰心以高度的评价，称她为"二十世纪中国杰出的文学大师，忠诚的爱国主义者，著名的社会活动家，中国共产党的亲密朋友"。

冰心在文学上的成就得到了时人的充分肯定。早在1942年，王森然所作的《冰心女士评传》中就称赞："回顾女士十数年来之创作生活，自有无限感慨，虽因时代演变，其作品不能如以前之惹人注意，但其所留于人间之影响，永远不能消逝，其在文学史上之地位，将亦不能动摇，尤其在女作家中，现代闺阁派中，诚属国内独一无二者也。"著名作家巴金曾评价："她的头脑比好些年轻人的更清醒，她的思想更敏锐，对祖国和人民她有更深的爱。"著名作家茅盾也说："在所有'五四'期的作家中，只有冰心女士最最属于她自己。……在这一点上，我们觉得她的散文的价值比小说高。"

在近半个世纪的创作生涯中，冰心著有诗集《繁星》（1923）、《春水》（1923），短篇小说集《超人》（1923）、《往事》（1930）、《南归》（1931）、《姑姑》（1932）、《去国》（1933），散文集《寄小读者》（1926）、《关于女人》（1943）、《归来以后》（1958）、《我们把春天吵醒了》（1960）、《樱花赞》（1962）、《拾穗小札》（1964）、《记事珠》（1982），散文小说集《晚晴集》（1980），儿童文学作品《小桔灯》

(1960)等。此外，还有 3 部重要翻译作品，即李清照的《漱玉词》英译本、纪伯伦的《先知》和泰戈尔的《吉檀迦利》中译本。

（谢彪）

林徽因

　　林徽因（1904—1955），原籍福建闽侯（今福州），原名林徽音，后改名林徽因，曾用笔名尺捶、灰因，此外还有西名 Phyllis（菲丽斯）。光绪三十年（1904）六月十日生于浙江杭州陆官巷住宅。中国建筑学领域的先驱，中华人民共和国国徽主要设计者之一。

　　林徽因祖父林孝恂，光绪己丑科（1889）进士，授翰林院编修，历任浙江海宁、孝丰、石门、仁和等各州县地方官。他思想开明，注重教育，族中子女，不分性别均送到新式学校接受教育，受他资助赴日留学的青年学生，多参加孙中山领导的革命运动。祖母游氏，擅女红，喜好读书，工于书法，生有子女7人。林徽因父林长民（1876年生），为孝恂长子，幼名则泽，字宗孟，号苣冬子、桂林一枝室主人，晚年又号双括庐主人、桂室老人。幼年从古文家林纾学习国学，又从新派人物林白水习西学。中秀才后放弃科举仕途，跟随外籍教师授英、日文。光绪三十二年赴日留学，不久回国，在杭州东文学校毕业，后再度赴日早稻田大学，学习政治法律。宣统二年（1910），林长民毕业于早稻田大学，善诗文、工书法，回国后与同学刘崇佑创办福州私立法政学堂，并任校长。随后又先后任南京临时政府参议院秘书长以及段祺瑞政府司法总长。后于1925年因参与东北军阀郭松龄反对张作霖的兵变而遇难。林徽因之堂叔林觉民为黄花岗革命烈士。

林徽因自幼跟随祖父母和大姑母生活,宣统元年随祖父母迁居杭州蔡官巷。1912年,随祖父由杭州迁居上海,进入住家附近的爱国小学读书。1914年祖父亡故后,因父亲林长民一直在北京忙于政事,全家搬到天津,偌大一家几乎全部由她一个人操持,各种家务杂事都由她张罗处理,同时还要读书学习。1916年,林长民将家迁到北京,林徽因进入英国教会学校培华女中学习,开始打下扎实的英文基础。1918年,认识梁启超之子梁思成。

1920年春,时任段祺瑞内阁司法部长的林长民以中国国际联盟同志会驻欧代表的身份前往伦敦,林徽因亦随父赴英。临行前,林长民告诉女儿:"我此次远游携汝同行。第一要汝多观察诸国事物增长见识。第二要汝近我身边能领悟我的胸次怀抱。第三要汝暂时离去家庭烦琐生活,俾得扩大眼光,养成将来改良社会的见解与能力。"7月,林徽因随父到巴黎、日内瓦、罗马、法兰克福、柏林等地旅行,9月回伦敦,以优异成绩考入圣玛莉学院学习。10月上旬,与在伦敦经济学院上学的徐志摩初次相遇。1921年底,随父归国,进北京培华女中读书。1922年初,与梁思成确立恋爱关系。受林徽因影响,梁思成立志从事建筑事业。1923年1月初,梁启超、林长民认定梁思成与林徽因婚约关系。林长民欲即行订婚仪式,梁启超意见是:"须彼此学成后乃定婚约,婚约定后不久便结婚。"12月1日,林徽因发表童话译作《夜莺与玫瑰》,署名尺棰。是年,林徽因毕业于培华女中，并考取半官费留学。

1924年4月23日，印度诗哲泰戈尔应北京讲学社梁启超、林长民等邀请，来华访问，在日坛草坪讲演，林徽因搀扶上台，徐志摩担任翻译。5月8日，为庆祝泰戈尔先生六十四诞辰，林徽因、徐志摩等在东单三条协和小礼堂演出泰翁诗剧《齐德拉》，林徽因饰公主齐德拉，徐志摩饰爱神玛达那，梁思成负责舞台美术。鲁迅等应邀观看。演出前，林徽因饰一古装少女恋望"新月"，以示新月社组织的这场演出活动。5月10日，《晨报》详细报道演出，说："林宗孟（即林长民）君头发半白还有登台演剧的兴趣和勇气，真算难得。父女合演，空前美谈。第五幕爱神与春神谐谈，林、徐的滑稽神态，有独到之处。林女士徽音，态度音吐并极佳妙。"是年6月，林徽因、梁思成同往美国留学，7月抵达康奈尔大学。9月，结束康校暑期课程，林徽因、梁思成同往宾夕法尼亚大学美术学院就读。梁思成在美术学院建筑系，因建筑系不收女生，林徽因即注册在美术系。1927年6月，林徽因于美国宾夕法尼亚大学美术学院毕业，获学士学位，又因成绩优异被该校聘为建筑系"建筑设计课兼任讲师"，同时梁思成获该校硕士学位。12月18日，梁启超在北京为梁思成、林徽因的婚事"行文定礼"。

1928年3月，林徽因、梁思成结束在美学业。3月21日，林徽因、梁思成在加拿大渥太华结婚。婚礼在中国驻加拿大总领事馆举行，由梁思成姐夫、当时中国驻加拿大总领事周希哲主持。林徽因为自己设计了一套具东方色彩带头饰的结婚礼服。婚后按照梁启超的安排，赴欧洲参观古建筑，于8月18日回京。从欧洲回来后，梁启超为二人回国后的工作做了些许安排，去东北大学或者清华大学任教。梁启超建议儿子去东北，他的理由是："那边的事业将来大有发展的机会，比温柔乡的清华园强多了。但现在总比不上在北京舒服，我想有志气的孩子，总应该往吃苦的路上走。"当时的东北大学正在创办中国第一个建筑系，怀着极大的热忱邀请梁思成任教授，并早已把聘书寄给梁启超，聘梁思成为系主任，林徽因为教员。9月，梁思成、林徽因受聘于东北大学建筑系，分别为主任、教授。作为建筑系仅有的两位教职人员，夫妇二人在学校的工作十分繁忙。当时，张学良发动征集东北大学校徽图案，林徽因设计的"白山黑水"图案古朴大气被选中。她设计的校徽整体是一面盾牌，正上方是"东北大学"四个字，中间是白山和滔滔江水，其中水的波纹是易经八卦中的艮卦，代表山也代表东北，此后"白山黑水"一直作为东北大学的标志，甚至成为了整个东北的关键词。11月，梁启超病重住院，梁思成、林徽因赶赴北京。1929年1月19日，梁启超病故，梁思成、林徽因为其父设计墓碑。8月，林徽因从东北回到北平，在协和医院生下其女儿，取名再冰，意为纪念已故祖父梁启超"饮冰室"书房雅号。

"九一八"事变后，东北大学建筑系停办，受朱启钤之邀，梁思成、林徽因夫妇决定回到北平加入"中国营造学社"。梁思成担任学社的研究部主任，林徽因担任校理。期间，林徽因到香山双清别墅养病，先后发表诗《那一晚》《谁爱这不息的变幻》《仍然》《激昂》《一首桃花》《山中一个夏夜》《笑》《深夜里听到乐声》《情愿》《窘》等诗歌、散文、小说。11月19日，林徽因在协和小礼堂为驻华使节讲中国古代建筑。同日，徐志摩由南京飞北京，遇大雾，飞机触济南党家庄开山，因而遇难。徐志摩出事后，由林徽因等主持，在北平为徐志摩举行追悼活动。12月7日，发表散文《悼志摩》。

1932年，营造学社又请刘敦桢任文献部主任，梁思成为法式部主任，着重实地考察。是年，结识美籍学人费正清、费慰梅夫妇。1933年，林徽因参加朱光潜、梁宗岱举办的文化沙龙，每月集会一次，朗诵中外诗歌和散文。秋，林徽因与闻一多、余上沅、杨振声、叶公超等筹备并创办了《学文》月刊。1934年，发表诗《年关》《你是人间四月天》，小说《九十九度中》。夏，林徽因、梁思成同费正清夫妇、汉莫去山西汾阳、洪洞等地考察古建筑。从1930年到1945年，梁思成、林徽因夫妇走遍了国内15个省，200多个县，考察测绘了200多处古建筑物，河北赵州桥、山西应县木塔、五台山佛光寺等就是通过他们的考察才得以被世界认识，并加以保护。正是由于在山西的数次古建筑考察，他们最终破解了中国古代建筑机构的奥秘，完成了对《营造法式》这部天书的解读。在此过程中，二人陆续发表了《论中国建筑之几个特征》《平郊建筑杂录》《晋汾古建筑调查纪略》等有关建筑的论文和调查报告。梁思成的《清式营造则例》是一本研究我国古代建筑必读的重要工具书,他为此书写序时特别说明:"内子林徽因在本书上为我分担的工作,除'绪论'外,自开始至脱稿以后数次的增修删改,在照片之摄制及选择,图版之分配上,我实指不出彼此分工区域,最后更精心校读增删。所以至少说她便是这书一半的著者才对。"

抗战期间,林徽因随梁思成辗转于西南各省,并于1940年迁居四川南溪县李庄镇,因肺病复发,抱病卧床四年多。1942年,梁思成接受国立编译馆委托,编写《中国建筑史》,林徽因为写作《中国建筑史》,抱病阅读"二十四史",作资料准备。她写了该书的第七章"五代、宋、辽、金"部分,并承担了全部书稿的校阅和补充工作。11月4日,费正清、陶孟和从重庆溯江而上,去李庄访问林徽因、梁思成。费正清等曾表示邀请林徽因到美国长住和治病,林徽因却以"我要和我的祖国一起受苦"为由婉言谢绝。

1946年8月,他们回到北京开始筹建清华大学建筑系。但梁思成受邀赴美讲学、考察,筹建工作实际落在了林徽因的身上。1948年11月,国民党当局迫使北平高校南迁。清华园展开反迁校斗争,是年,大军攻城前夕,张奚若带两名解放军到林徽因家,请梁、林划出保护古建筑目标。1949年北平解放,林徽因被聘为清华大学建筑系一级教授。为配合百万大军挥师南下,与梁思成等编印《全国重要文物建筑简目》。

中华人民共和国成立后，林徽因任清华大学建筑系教授、北京市政协委员、北京市都市规划委员会委员。她参与中华人民共和国国徽和人民英雄纪念碑的设计，充分展现了她美术学、建筑学的才华。

1955年4月1日，林徽因病逝于北京同仁医院。张奚若、周培源、钱端升、钱伟长、金岳霖等13人组成治丧委员会。4月4日，林徽因的追悼会在北京市金鱼胡同贤良寺举行。由于林徽因生前设计国徽和人民英雄纪念碑的特殊贡献，北京市人民政府决定，将她的遗体安葬于八宝山革命公墓。墓碑由梁思成设计，上面镌刻着"建筑师林徽因之墓"几个字。

林徽因是五四运动后中国新知识女性的杰出代表，正如著名作家李健吾所评价的："恰恰就是这样的林徽因，既耐得住学术的清冷和寂寞，又受得了生活的艰辛和贫困。沙龙上作为中心人物被爱慕者如众星捧月般包围，穷乡僻壤、荒寺古庙中不顾重病、不惮艰辛与梁思成考察古建筑；早年以名门出身经历繁华，被众人称羡，战争期间繁华落尽困居李庄，亲自提了瓶子上街头打油买醋；青年时旅英留美，深得东西方艺术真谛，英文好得令费慰梅赞叹；中年时一贫如洗、疾病缠身仍执意要留在祖国。"

（谢彪）

后记

2018年，海峡文艺出版社组织编撰了"福建历代名人名篇丛书"，精选了福建历代若干名人传略和福建历代若干诗文名篇，成书出版。为了适合青少年阅读，我们选出在历史文化中对青少年读者最有教育意义的人物传记，重新整合，编撰成《福建历代名人传》（青少版）。此书仍由福建工程学院的福建省社科研究基地——地方文献整理研究中心组织撰写（项目编号：FJ2018JDZ025），编写者如下：

福建工程学院：祁开龙、庄恒恺、杨冬冬、邓少平、胡家保、赵雅丽

福建师范大学：孙清玲

福建师范大学福清分校：谢彪

福建省泉州海外交通史博物馆：林瀚

厦门大学：章广

福州市博物馆：张春兰

谨此说明。

郭 丹

2019年10月22日